仝冰雪收藏系列丛书之五

解 说 老 北 京

A Series of Books for Tong Bingxue's Collection　Volume Five
A　J o u r n e y　t o　O l d　B e i j i n g

仝冰雪 编

中国人民大学出版社
·北京·

编者说明

黄开文，晚清民初一个不大不小的人物。

晚清时期，他是洋务运动中西式电信学堂的高材生，历任北京电报局总办、北京电话局总办、东三省电报局总办、奉天劝业道、汉口电报局总办等职，官至二品，是大清电信业的掌门人之一。

辛亥鼎革，他协助袁世凯在武汉对外交涉，署理湖北汉黄德道兼江汉关监督，亲历了生命的乖舛和国政的巨变。

北洋时代，长达十四年的时间里，他一直任职于动荡的总统府，连任六任总统的大礼官，没有升迁，也没有出局，创造了一个"职业"官员的奇迹。

国民政府执政后，他被再次起用，担任参谋本部边务组专门委员、蒙古救济委员会副主任、北平蒙藏学校校长等职，直至瘁逝于工作岗位。

黄开文身穿祭服肖像

2008 年一个偶然的机会，我收藏到黄开文家族的一百多张原始照片和近百件家族遗物。这其中，有三本完整的小楷手稿引起了我的特别注意。仔细阅读后发现，内容基本都是描写晚清宫廷和北京民间风俗礼仪的小文，每则小文从一两百字到五六百字不等。其中，既有不少清宫习俗、清末民初的名人逸闻，也有很多反映老北京地理变迁和风俗趣事的内容。从文章来源看，既有一些严谨的历史考证，也有类似稗官野史的摘抄，还有不少看似亲历之感悟等。文中有些内容我并不陌生，但这里叙述的角度并不相同，小文中也有很多内容闻所未闻。所有小文以民国白话文写就，行文简练而生动。那么，谁是这些小文的编撰者？当时写作的初衷又是什么呢？

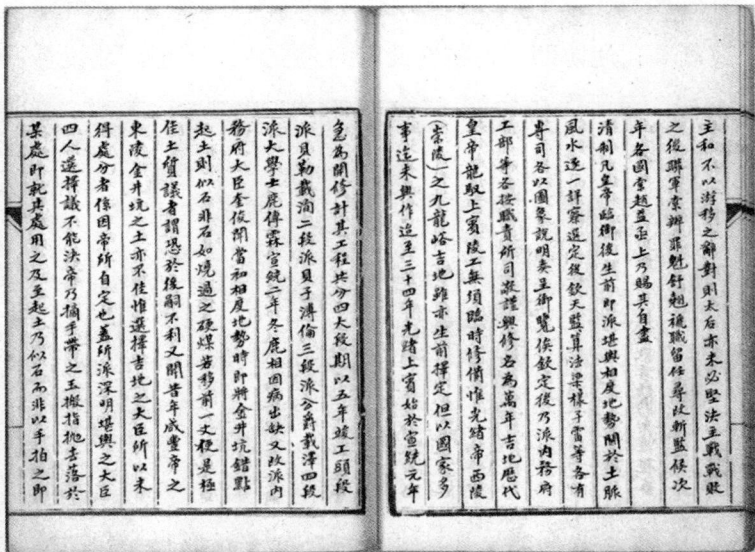

黄开文所撰小文原始誊抄稿（局部）

随着我对黄开文家族遗物研究的逐步深入（见编者著《北洋总统府大礼官》，中国人民大学出版社，2012 年），答案逐渐浮出了水面。原来，从 1914 年到 1928 年的十四年时间里，黄开文一直担任北洋总统府的大礼官。大礼官的工作之一，就是负责各界人士到总统府拜见大总统的礼仪工作。而在拜见之后，很多来宾，尤其是外宾，往往会游览总统府风景。黄开文作为大礼官，当仁不让地成为"首席导游"。凡遇有名胜古迹，他都需要向来宾讲解，还要应对来宾的询问。因此工作的要求使来自广东的黄开文对老北京的历史产生了浓厚的兴趣。在业余时间里，尤其在1928年从大礼官的职位退休后，他把自己在公府中（总统府）搜集的各种逸闻趣事，以及自己研经读史的所得，一一记录下来。后来，他的家人又在他过世后再次誊抄了这些小文，终成我们今天看到的这批原始手稿。

在民初之前，已经有不少此类描写老北京的书籍，比如《燕都杂咏》、《日下旧闻考》、《燕京岁时记》、《帝京岁时记胜》、《京师坊巷志稿》等等。黄开文在撰写自己小文的过程中有参考，有借用，但公府大礼官的别样见识和常年总统府生活的积累，使黄开文的文稿具备了几个鲜明的特性：

一是清宫趣事多。

自明代开始的福建向皇宫承贡荔枝，因为两地相距遥远，不论水路还是陆路运输都常常腐坏。后来人们思得一法："于荔枝初结实时，即用大沙船满填泥土，移荔枝树植其上。由闽海启碇，直达津沽。再用驳船连土移载，溯运河直抵朝阳门。计时荔枝已大熟，乃摘以进呈，鲜嫩无匹。"这种奇事，正是因为黄开文浸淫北洋总统府多年，又是晚清旧僚，所以才得以闻得。北洋早期，逊帝溥仪仍然在紫禁城过着小朝廷的生活，必然会使很多参观公府的外宾对清室旧闻有相当的兴趣。因此黄开文用不少时间了解晚清的宫廷生活，但他更侧重普通人感兴趣的一面，像清宫的御果房、香坠子、皇家火锅、艺花育虫、皇子的"暑假"、公主的嬷嬷与买办等等。这些很多是正史不屑记载的，虽然视角很小，但读起来让人兴趣盎然。

二是关注清末民初人物逸闻。

当年慈禧究竟为何最终向联军开战？中法之役中，在中国节节大胜的形势下，中国为何最后停战？袁世凯和张謇究竟有何恩怨？黄开文的小文都给出了背后的答案。和其他此类老北京书籍的作者不同，黄开文总统府大礼官的特殊身份，他本人和满清遗老遗少、民国军阀大员等有着直接交往，因此耳熟了不少名人轶事。慈禧、恭亲王、翁同龢、张之洞、载振等晚清权贵都纳入了他的笔下，而对与他共事的北洋大佬袁世凯、熊希龄、王壬秋、辜鸿铭等，他也力图从个人的视角为我们留下了独特的述评。

三是亦"白"亦"文"的民国白话文体。

"绿水生波，和风款款，杨柳排列，鸣蜩嘒嘒，茶棚林立，冷食俱备，士女如云，熙来攘往。"这是黄开文对当年崇文门内的纳凉胜地——泡子河的描绘。在黄开文撰写此类小文的上世纪三十年代，"文白"之争中，白话文获得全胜。黄开文的小文，全部用民国白话文写成。但这些白话文，相比今天的白话文，不仅是"白"，可以让今人毫无障碍地阅览，更重要的是"文"，清嘉与简白中，意趣与优雅若隐若现，又含着丝丝婉约。

整理完黄开文的老北京的文稿后，我想到了自己收藏的一批老北京历史影像。这些影像跨度从清末到民国三十年代，包括原始照片、版画等，林林总总几百张，影像反映的时代很多与小文的内容相契合。长期从事电视节目制作的我马上想到，是否可以把黄开文总结的这些"解说"词和我的影像画面相配？在我推出有关黄开文的专著的同时，经过与出版社协商我们达成一致，决定推出这本"解说＋画面"的小书。希望读者能够跟随当年总统府大礼官娓娓道来的解说，及一帧帧逝去的燕京旧影，在故事中解开一个个众说纷纭的历史谜团，在美文中重温那些早已逝去的老北京记忆，在光影中去圆我们心中的小小怀旧之梦。

黄开文所写的原文中，还有二十五篇小文，是超出北京范围，涉及中国各地风俗民情的内容，我们也一并收录在此，排放在书中最后

解说老北京

一部分，以便能够完整呈现文稿的原貌。本书小文分类、标题和句读均为编者所加，错讹之处还请读者斧正。为了读者更顺利地阅读，编者还特地在一些费解的词语上加了小注，文中配图除注明者外均为编者收藏。

仝冰雪

2011 年 11 月 1 日

目　录

四、老北京风俗 113

一

清宫习俗

故宫角楼，佚名拍摄，1940 年左右。

"行在"制

清代皇帝巡幸外省，遇本地有特产之物，如禽、兽、鱼类、果实等，必亲取之，遣人驰送至京，呈献皇太后，名曰"行在（行在为皇帝驻跸之处）进鲜"。

此制始自康熙，档案内有康熙自行在谕皇太子谓："朕前捕得黑狐一，与貂鼠、猞猁狲各一，遣官赐汝；今又捕得野鸡六十、银鼠二百，汝可呈进皇太后。"又自行在谕梁琪谓："博罗和屯鲫鱼甚多，某日捕得五十尾，寄京恭进皇太后；又南巡幸鲁、诣五台等，均有呈进。"

康熙御诗有云："千里难承玉陛欢，鲜鳞网得劝加餐。遥知长信开函日，定荷慈颜一笑看。"即咏此。至同治朝后，行在进鲜之制未见举行。

紫禁城全景，佚名拍摄，1940 年左右。

内廷春节习俗

清代内廷年节，春联向用白纸书写，因各门原系朱红色也。腊月三十日（小建则二十九），王大臣等入内叩首为辞岁。次日元旦，始为拜年，皆着蟒袍（俗称"花衣"）、补服并戴朝珠。

仕宦之家度岁，外表所重者如门封、诰条一律更新。官之大而差多者，往往影壁之上排满官衔，用原笺书黑色宋字，上罩桐油，富丽堂皇。各省会馆亦莫不然。

腊月二十以后，衙署照例各封印信，停止办事，次年正月二十以后开印办公。封印、开印相距日期约一个月。封印期内，如遇有特殊应办之公事，则用预印空白之公文纸（临封印时预先印出无字之白纸）书写。公文之尾，年月平时应先写就，然后用印盖于其上，此则书年月于印文之上，并于印文右旁注明"遵用空白"四字（上呈公文书此），或注"预印空白"四字（平行及下行公文均书此）。

商贾之家度岁，自元旦起，一律闭门停止售货。直至十五日，祀神焚纸，燃放鞭炮，大举开张，市廛喧嚣始复原状。故灯节以前，无

故宫神武门，佚名拍摄，1940 年左右。

论贫富住户，皆须预先储蓄足供十余日之日用食品，以免临时缺乏，无处购取之。虞此半月中，士、农、工、商无所事事，妇女亦停止针黹，住户多以微资赌博消遣，商肆戒赌，皆以敲击锣鼓为娱乐。

清宫里的打鬼

跳布札，俗呼之曰"打鬼"。地点人皆知在城内弘仁寺及雍和宫，城外在黑寺与黄寺，而不知昔日清宫内亦有跳布札，在中正殿举行。

其日期分两次：一为腊八日，章嘉呼图克图 [清代掌管内蒙古地区喇嘛教格鲁派最大转世活佛]* 率喇嘛一百零八人，于供粥作佛事毕，清帝亲临殿外东阶下之小金殿黄幄内，章嘉恭持达赖所贡之孔雀翎，拂拭清帝衣冠，申祓除之义，俗曰"散祟"；第二次为腊月二十九或二十八，章嘉率年班来京之众呼图克图及喇嘛一百八十四人，扮二十八宿、十二元辰，执五色旗捉鬼而分之。事毕，送圣于神武门外，此为中正殿之正式打鬼大典。

今则殿址早毁于火，荒草过人矣。

清宫御果房

清宫御果房，一名"内果房"，其正名称曰"南果房"，为贮存南产诸菜之所，而事实则北果亦存于是，其址在故宫东路永和宫迤东之仁泽门外。

果房内，四周满列高丈许书架式之果架，每架上平放宽二尺、长三尺、深半尺之大木匣，匣外糊黄纸，贴红色长圆"寿"字。匣无上盖，名曰"果盒"或"果屉子"，内垫高丽纸及红棉纸，上置鲜菜，清香馥郁，即内监所呼之"果子库"也。

果子来源分南果、园果、东果采办三部。南果来自南省，如柑橘、蕉梅等是；园果产自近畿各御果园，如南苑五园、畿辅（河北全省）一百四十八处，多桃、杏、李、梨等物；东果来自盛京、广宁等地，

---

* 方括号内说明文字均为编者所加，后面不再一一注明。

故宫午门，佚名拍摄，1940 年左右。

皆由官价采买者也。

库内供神曰"增长天王"、"大库尊神"，果房太监祭之虔敬。相传稍一不敬，贮果即有霉烂之虞。

清宫之"随茶御果"

清代御膳，随膳附进之糕点，名曰"随膳饽饽"。若御茶，则有"随茶御果"，故膳房各局有点心局之设置。

御茶房与果房有连带关系，清制分御茶房为二部：曰"尚茶房"，曰"清茶房"。尚茶房司奶茶、清茶，清茶房则为叶茶。叶茶之随茶御果曰"茗果"，又曰"清果"，即干鲜蜜饯等果。奶茶之随茶御果曰"茶果"，又曰"糕果"，俗曰"面果"，即点心，也仿佛今日之茶点类，如奶油粽子、奶油小月饼、奶油花糕、奶油蜜寿桃、奶油鱼儿饽饽等是也。其与随膳饽饽不同之处，即随膳者均为大件，即俗呼之"大饽饽"，随茶者则均为巧小玲珑之小件，细点也。

北京中山公园之鲜花室，佚名拍摄，1940 年左右。

凡呈进果品，由清茶房传送，每日鲜果二筐，计桃、苹果、秋梨、红梨、棠梨、葡萄等，此为随叶茶者，又以桃仁、黑枣等做馅，此为制随奶茶糕点用者。

清宫的香坠子

"香坠子"为清代南花园太监之术语，即初秋以鲜花之清香者织编花篮或花球状，悬寝室一角或帏幄间之熏屋玩物也。此物虽市肆亦有售者，惟均用竹棍或铜铁丝编成各种式之骨架，再将晚香玉、玉簪花、夜来香等鲜卉插满之，因无根株及缺水分之供给，未及夜半而花已萎败。

南花园所制，则先以红、黄、绿等色小盆植花秧，及将花乃就盆上之花梗徐徐下弯，织而编之，将小盆围编于中央。如花篮形者，则篮上及周缘与底穗布满花头，篮腹之空隙则将小盆之琉璃色隐约透出，底部中央另缀大红或金黄色珠线，穗篮顶缀以红或黄绒绳。俟花半开，乃于每日日落时呈进内廷，分悬各寝宫，虽经十数日而花不萎，且特

故宫漱芳斋西面，佚名拍摄，1940 年左右。

别繁盛而香。其余如绣球盘长等状者亦如之，而绣球中装置各种鸣虫者，食水皆备，尤为奇妙。

清宫冬至馄饨夏至面

清代冬至，大祀南郊（天坛）。清帝还宫，后膳进馄饨，是斋后取暖之意。夏至，大祭方泽（地坛）。礼成后，诣雍和宫食龙须芝麻酱面，殆因麦秋丰获，兼祈大秋有成，而祭地祇之意。俗所谓"冬至馄饨夏至面"者，盖以此也。

清宫的火锅

清代慈禧皇太后，向于处暑节前五六日，在万寿山率宫眷等食用炮烤鹿、牛、羊肉，其所燃之松枝、松塔、松子为吉林将军所进。夏历七月初一到京者，曰"节贡"，八月十六日以后者，曰"岁贡"。

其白露前数日，东陵所进之松枝、松子则专为涮山鸡片所用者，盖秋后山鸡多食松子，香入肌肉，而火锅燃料又杂以松枝、松子，其芬芳肥美，足以使人适口充肠也。

故宫近光左门，佚名拍摄，1940年左右。

清宫的江米碗儿

清朝寿康宫御茶房（太后之寿茶房），每年四月三十以前必有奶子江米（即糯米）碗儿及奶油粽子呈进。其奶油粽子，每米五十斤，用奶子一百斤。例如二十五日领米，二十六日晨领奶子，以奶子泡江米一日，夜内开工，二十七晨呈进宫内矣。

相传嘉庆帝喜凉食，而恶包粽子之叶不洁，乃有江米碗儿之创制。盖将制粽之原料，盛于黄龙酪碗内而蒸之，蒸锅内放苇叶一二片，取其气味而不与米相接触，及熟，即以原碗置冰箱内镇之乃成，谓"江米碗儿"。

故宫太和殿，佚名拍摄，1940 年左右。

宫廷之腊八粥

清代腊八粥以御膳房者最佳，而光绪一朝则寿膳房制者更佳。盖御膳房为帝用，寿膳房则慈禧太后之御厨也。

民间腊八粥不论如何丰富，其制法均为熬煮而成，惟御膳房制者则为米煮熟后，滤去水分而用糖炒之，故名曰"炒粥"。寿膳房之炒粥，则用白蜂蜜稍加奶油，其味较市售之萨奇玛高百倍，甜香而不腻也。

炒粥非上赏不能尝，而上赏其粥，则以军机枢臣及章京，或宿卫大臣之值者，尽先果腹，其公主与王贝勒府得赏则已近午刻矣。不只腊八粥，如此其他，如立春之春饼、新年之年糕、上元之元宵、四月八日之绿豆、立夏之炒面、端午粽子、中秋月饼、重阳花糕、冬至馄饨以及各种菜鲜、花果、饼饵等，莫不如是。

清宫之艺花育虫

北京南花园在中南海西苑门内迤南，为清宫艺花育虫之所。由内务府奉宸苑官，率无品级之首领太监一人及太监七人，监视花匠艺植花树。并江宁、苏州、杭州各织造等所进之花树盆景，均由花匠培植后，按时送进内廷陈列。

此花匠最奇妙之艺术，一为熏春花，一为烘秋虫。其在温室艺成之牡丹、芍药应于除夕或正月初八，或三十等日，分批呈进陈列。尤其于上元节乾清宫或重华宫筵宴时，宝座左右及筵前，魏紫姚黄宛如暮春，因此种花乃烘熏而成故，曰"烘春"。其所烘之秋虫即过冬之蟋蟀，盖元旦乾清宫之鳌山灯或上元筵前之鳌山灯内，皆藏置此虫，春筵而闻秋声，洵新年特有之点缀。

清宫贡品

清代北京，每岁一遇鲜物，如黄花鱼、银花鱼等进城，非先贡献御食，商家不敢出售，小贩更不敢沿街叫卖。

清代对于外藩优加体恤，其贡品务从俭，年限则从宽。如哈萨克定九白之贡，限以三年；土尔扈特或且十年一负。所谓"九白"者，即白驼一、白马八也。若高丽之铜、越南之象，则屡减其数。至平定西域后，和阗之玉，贡献不易，经某将军之奏，立即罢免。各名

故宫西华门，佚名拍摄，1940 年左右。

臣每以奏罢某项贡品而获贤声，绝无宋代花石纲之虐政。其内地各省，皆按搢绅所在州县土产汇送，督抚署内先呈样本鉴定，乃按箱点验讫，加封，列大堂上，缮具贡本，向北拜毕，交贡差赍出大门，贡品随即装运。

清代贡品荔枝运输奇闻

北京虎坊桥以南，接近南下洼子，有福州会馆。其后有义地一区，相传此会馆及义地皆明臣叶向高舍宅为之（叶为福州闽清县人）。原义地极洼下，后皆以福建运来之土填之，高二三丈，与会馆基地平矣。

据闽籍人述言，自明代闽即承贡鲜荔枝，京闽相去辽远，水陆输运常虑腐坏，后乃思得一法，于荔枝初结实时，即用大沙船满填泥土，移荔枝树植其上。由闽海启碇，直达津沽。再用驳船连土移载，溯运河直抵朝阳门。计时荔枝已大熟，乃摘以进呈，鲜嫩无匹。其余之土，有人建议以之填会馆洼地。闻自明万历季年起，至清仁宗嘉庆年止（闽贡荔枝嘉庆朝始有旨蠲免），岁岁载运，倾填约不下数万吨。

京师首善，四方辐辏，凡奇珍异宝，麋集上都，固无足怪，乃以数千里外数万吨之土亦运来京，实为奇事。

清代格格，北京容丰照相馆，1900 年左右。

清代选秀

　　清代旗籍，不论满蒙汉军，每生子女，均须呈报本旗都统衙门注册上档。一遇朝廷选秀女，即按册传人，凡年满十六岁者，俱得入选。

　　即后妃在未选定以前，亦统名之曰"秀女"，经选入后，初入选者名为"贵人"，由贵人升为嫔，由嫔再升为妃。其中阶级甚多，惟加字须由嫔始，加字后，方能升阶。如蒙皇帝宠幸，则升之较速。倘生有皇子，则母以子贵，升级更高矣。

　　除皇后选定后，须钦派六礼使持节册封等大礼外，余均无殊异之荣幸。且旗人每以被选为惧，盖一经被选，母家既无何等尊荣，且平添许多事故。每月初二、十六为会亲日，名为会亲，其实传入大内，只在某所屏门外跪安耳。

慈禧和光绪皇后、格格、御前侍女等在颐和园排云殿门前，裕勋龄拍摄，1903 年左右。

清宫妃嫔和宫女的挑选

清代宫内，挑选女子分两制：一为选妃嫔，一为选宫女。选妃嫔名曰"验看八旗秀女"，选宫女名曰"挑选三旗女子"。秀女均为世家贵族女，且其父兄必在六品以上。虽贵至将军、督抚，若其女之名载于旗下户口册，除残疾外，亦必届期驰驿入京，参加选典。盖妃嫔有母仪之望，或指配皇子及近支王贝勒，故不能与白丁联姻也。

宫女则为内务府三旗包衣人，种族最杂，有汉人，有满人罪裔之降为包衣者，有关外时代之新满洲人，有回族及番子（金川）佐领下人。简言之，宫女即使女之变名也。然宫女受幸后，有封贵嫔及贵人者，则此宫女生子后有抬旗之典，即将其父兄脱去包衣，籍升入八旗之内，其姓氏则于汉姓下加一"佳"字。秀女之选已于光绪三十二年三月停止。而选宫女，则甲子年（即民国十三年）宫变之春季，清室尚举行一次焉。

清代公主婚嫁

清代皇帝所生之女，号称"公主"。至十八岁为成年，即传谕各都统，将所管本旗之满蒙勋臣子弟年廿岁以内者，开具三代履历，送至内务府察核后，定期如见，以备选择。

大约蒙古亲王之子弟居多，当选者再饬其开具年庚以及家族人口，以备定婚。其被选定者称为"额驸"，即命内务府代其备办定礼，并命工部为之造府两所。因有翁姑者不使同居一府，额驸亦须另居。

其余纳彩等礼节，与平民家庭之放大小定礼无异。此时额驸即封以某种名义，如"固伦"等字样。其品秩用红宝石顶戴、三眼花翎、四团龙补服，车用紫缰。及至娶入，拜天地祖宗、见翁姑皆与平民相同，名为"家庭礼"。归府后，翁姑及额驸须遣人到公主府请安，由掌事太监代启代答曰"免"，谓之"朝廷礼"。自此，每日如是。

荣寿固伦公主（中）与他人合影，裕勋龄拍摄，1903 年左右。

额驸亦同，俟闻得"免"后，即可入室随意谈话矣。惟额驸不得自由留住府中，如公主允留时，则于廊下前面挂一红灯。额驸见红灯挂出，始能留住，否则仍归己府。额驸可以自由纳妾。

清末有称为"大公主"者，乃恭忠亲王（奕訢）之长女。孝钦皇太后悯其青年居孀，认为己女，加封为荣寿固伦公主，特许乘金顶红轿。外出时，途中任何人均须避之。

清皇帝之女名"公主"，冠以"和硕"之名。亲王嫡出之女封为郡主，庶出之女为郡君。郡主嫡女为县主，庶女为县君。公主额驸品级与八分公同，红宝石顶。郡主额驸秩头品，郡君额驸秩二品，县主额驸秩三品，县君额驸秩四品。其未下嫁者，亲王之女称"和硕格格"，贝子之女称"固山格格"。

公主的嬷嬷与买办

清代公主下嫁，府内有管事嬷嬷一人，为皇帝所派。凡公主之饮食起居，无不由其经管。其实帝后爱女，恐其育自深宫，多不更事，派一亲近侍从，为之照料而已。论其职务，亦不过民间之陪房仆妇，而日久弊生。虽贵如额驸，其准否在公主府中住宿之权，亦操诸伊手。盖清制，额驸到公主府，须看廊下悬一红灯，始得留宿。若管事嬷嬷不餍额驸之赏赐，则故为阻挠。

清宣宗时，某公主下嫁归宁，帝后询及其与额驸和美否，公主泣奏曰："迄今数月，尚未接近，焉谈遑云和美。"帝讯知被制情形，大怒，立将管事嬷嬷杖毙。

又额驸府中之买办，乃为小官，亦为皇家所派。官职虽小，权势颇大，专为供应额驸一切购办之差。日久，积弊丛生，不免操纵一切。虽额驸尊贵，而对此小官亦不敢轻于开罪，又岂皇家当时派遣之意乎。

谭鑫培戏装照，北京源记照相馆拍摄，1905 年左右。

清代赐"福"外传

清代京中臣僚，除内廷供奉之南、上两书房及内务府外，非官至二品不得赐"福"字，非年至五十不得赐"寿"字。

孝钦太后（同治之母）则不然。孝钦喜观剧，每嫌南苑伶工皆由太监为之，歌喉不佳，乃遍传外班名伶，如谭鑫培、孙菊仙、汪桂芬、杨小楼等入宫演剧。晚年尤喜观杨剧,杨入宫恒携幼女同往。一日演毕,特召杨携女入见,乃指案上所陈馎饦之属,谓之曰:"皆以赐汝。"杨跪叩曰:"奴才受恩深重,此等物已蒙赏赉多次,尚求加恩,特赐福寿大字。"孝钦立命书大福字、大寿字赐之,并指案上所陈各物,谓:"此赏给小女孩可也。"

清代的赐第

清制王公大臣赐第,本人殁后即应将赐第缴还,其有世袭爵者,俟承袭后再赐或改赐。但世袭罔替之铁帽子王,只在王薨后一缴一赐,虚应故事,并不迁府。其有降爵者,降至爵小时,则另赐小府。其降至不入八分公者,则自觅民居。清代由王爵降至公爵而未迁府者,只有裕宪亲王(清圣祖之胞兄)之裔耳。

又凡诞生皇帝者,或皇子藩邸,后即皇帝大位者,其原府皆不能再住人,应改神庙、祠堂,如雍和宫即为清世宗潜邸。又太平湖醇王府,原为乾隆时御赐皇五子荣纯亲王永琪,王之孙奕某降至贝勒,迁邸。其府改赐醇贤亲王奕譞(道光皇帝七子)。王之长子载湉(光绪皇帝)诞生此府,入承大统,将府缴还,另赐醇王邸第于十刹海[即什刹海]后海(即前成亲王府)。嗣以宣统皇帝溥仪(醇王奕譞之孙,载沣之子)诞生,入承大统,又改赐第于集灵囿,正在兴工,民国成立乃寝其事。

上书房之制

清代上书房创于雍正朝,清之皇帝读书处所。除世祖(顺治)、穆宗(同治)在弘德殿,圣祖(康熙)在懋勤殿,德宗(光绪)、宣统均在毓庆宫(穆宗亦有时在毓庆宫)外,其他各朝皇子、皇孙均在上书房。惟大阿哥溥儁之在弘德殿,乃例外。

其穆宗读书于弘德殿之仪制，师传不跪授，援汉桓荣授业制，于御书案右赐设一座。皇子在上书房，虽雍正有皇子当拜师之谕，而事实则与师傅相互一揖。惟弓箭及满蒙三谙达[满语，意为"伙伴"、"朋友"]见皇子，则长跪请安。弓箭、蒙文均立授，满文则坐授。

清代帝师之变

庚子年为大阿哥溥儁选派之师傅乃崇绮（乙丑状元）、宝丰、崇寿（皆己丑翰林），皆旗人。其汉师傅只一：高恩赓（丙子翰林）。至大学

故宫重华宫内，佚名拍摄，1940年左右。

士徐桐乃汉军旗人，仅照料功课，并不授读。此亦嘉庆、道光以来所仅见。

同治之师李鸿藻，当阿哥在书房时即授读。其后，则倭仁、徐桐、林天麟、王庆祺、翁同龢、张英麟皆先后奉派弘德殿行走（同治在弘德殿读书）。光绪之师为翁同龢、孙家鼐二状元，又孙诒经，亦曾值毓庆宫（光绪读书于毓庆宫），皆汉人。嘉庆时，朱文正。道光时，万尚书、秦学士。咸丰时，杜文正（受田）。皆多以汉人为师傅，其教授清语[指满语]之谙达始为旗人耳。

故宫中和殿及保和殿，佚名拍摄，1940 年。

皇子的"暑假"

清廷书房有九，惟尚书房（或作"上书房"），系宫廷中家塾，建于雍正初年，在乾清门东阶下，屋凡五楹。皇子年届六龄，即入尚书房读书。入学时间闻是卯入申出，功课系攻五经、史汉、策问、诗赋之学。散学时刻，以季节而异。

嘉庆十二年正月上谕："现在伴读师傅只有戴殿泗一人，著秦承业仍在尚书房行走至伴读功课。与阿哥不同，阿哥师傅定例春分以后申正 [约下午四时] 散值 [下班]。钦此。"

盖伴读者与伴读师傅皆系迟入早退，而皇子与皇子师傅则系早入晚出。阿哥即皇子，其伴读师傅乃位次于众师傅者。又嘉庆十二年五月上谕："向来尚书房阿哥功课，自初伏以至末伏，因天气暑热，俱系半课，每日散学并无一定时刻。因思末伏在立秋之后，天气已日就凉爽，而节候一交，夏至便已炎热，所有尚书房阿哥功课嗣后著改于

夏至后立秋前作半课，不必以入伏出伏为程，著为例。钦此。"可见皇子读书缩短时间，亦似有暑假也。

时应宫的变迁

清时应宫，建于雍正元年，旧址在紫光阁后，即今福华门内迤西之兵舍。昔日原为紫光殿，世宗（即雍正）改建。时应宫前殿奉四海、四渎龙神，后殿中奉顺天佑畿龙神，两旁奉十七省龙神。雍正二年，增建后殿，以中殿供京畿龙神，后殿供八方龙神。其前殿曰"正殿"，仍供顺天佑畿龙神。除配神外，计龙精像十七位。

共和成立，大总统府肇建于中南海，乃将时应宫改为府卫队之兵舍，宫内神像全部移于万善殿东北跨院内。民国二十九年秋，又移于西院，彩画金饰焕然一新，即万言殿右之龙神祠也。

紫禁城乾清宫，佚名拍摄，1900 年左右。

正大光明匾之颠沛

清乾清宫内正大光明匾，俗曰"品字匾"，因有玉玺三颗作"品"字形也。然今日乾清宫之正大光明匾并非原物，原匾为顺治帝所书，康熙帝附跋勒石[刻字于石]，藏武英殿，而仿其原迹附康熙御跋刻匾，悬于乾清宫正楣间。康熙御跋文为："皇考世祖章皇帝御笔'正大光明'四字，结构苍秀，超越今古，仰见神圣文武，精一执中，发于挥毫之间，光昭日月，诚足媲美心传。朕罔不时为钦若，敬摹勒石，垂诸永久，为万世子孙法。康熙十五年正月吉旦恭跋。"

嘉庆二年十月二十一日，乾清宫焚，匾亦毁。高宗（即乾隆帝，时为太上皇）又于拓石上附御跋（跋尾为"乾隆六十二年孟冬月恭跋"十一字），再勒拓之刻第二匾，此即品字匾也。

古物迁南京时，此匾亦南下，故宫博物院马叔平院长乃以旧拓补悬之，即今之正大光明匾焉。

历代宫廷藏书

《永乐大典》之为希世奇珍，中外儒林莫不知之，而一毁于清咸丰末，英法联军入京，再毁于庚子拳乱翰林院大火。于是，此一代大典荡然无存。

历代书籍自秦而后，莫富于隋唐，隋嘉则殿藏书至二十七万卷，唐开元时约八万卷有奇。迨赵宋初，仅有书万余卷。真、仁两宗继之搜罗隐佚，见于《崇文总目》者凡三万六百余卷。徽宗好文，既购士民藏书，又补三馆逸遗、秘阁图籍，于是为盛。洪《容斋随笔》谓："靖康荡析之余，宣和殿、太清楼、龙图阁所储者，尽归于燕。"《春明梦余录》亦云："燕都所藏，盖合宋金元三朝者，而为一代之书，计数百万卷。是其数量之宏，且倍蓰于隋唐矣。明初克燕，洪武命大将军徐达收其秘阁所藏图书典籍，又诏求民间遗书。"沈氏《野获编》称，其时宋刻版本有一书至十余部者，储藏之富，可以概见。

解说老北京

三希堂法帖

清高宗（乾隆）藏王羲之、王献之、王珣三人墨迹于养心殿西室，取三种希世珍宝之意，名其室曰"三希堂"。后复增选历代名人书翰，以魏钟繇《荐季直表》压卷，明董其昌殿后，命梁诗正等摹抚刻石，名曰"三希堂法帖"。其石藏于北海琼岛西麓阅古楼内，石共四百九十五块，嵌于楼之上下东北南三面。院内古槐二株，北株已枯，南株荫覆院之大半，其门长年锁闭，故游人日过其地而不知也。

该帖选刻之精、规模之大，为历代公私丛帖冠。乾隆初拓每部约值五千元，临池学书手此一部，前贤矩矱尽备矣。

清宫的贴喽

清代大内所悬各画，有所谓"贴喽"者，不施装裱，只衬纸一层，加以边缘张贴于屋角壁隙，故名。康熙、雍正、乾隆三朝，其贴喽率系名作，降及清末，乃由如意馆画工为之，品斯下矣。民国初年，宫内小珰 [年轻的太监] 每窃出售于后门桥一带之古玩肆，故居民常以廉值获天府珍物。

清宫防火秘笈

清代宫殿及各宫门外陈列之镀金铜缸或铁缸，非为辉煌美观，乃防火之太平水缸也。缸内四季皆贮清水，惟自霜降后，水结冰凌，设遇祝融 [祝融为古代的火神，此处为火灾的代名词] 肆威，则束手无策矣。

因将乾清门及外朝各缸均配木盖，盖下安有钩环，下乘铁屉，屉距水面寸余。每居小雪（外朝各缸自夏历十一月一日起）安盖挂屉，屉内燃木炭用以融冰，至来年惊蛰节（外朝各缸至正月三十日止）始撤屉，至清明节则盖亦搬去，俗称之为"熏缸"。外朝熏缸，每三缸由三旗苏拉（即夫役）一人司烧炭，夏日则每半月一添水。其乾清门内外之缸，则每三

故宫太和殿"金缸"，佚名拍摄，1940年左右。

缸派太监支搭毡棚一间驻守之，司烧炭兼坐更唱筹，其添水亦任之。

清代幄殿之制

清代幄殿俗曰"帐房"，以御用黄色毡缎幄为最尊。皇太子所用香色布面，衬红缎裹之。书房幄次之，自此以下，虽贵至亲王，卑迄军卒，其幄色及质均为蓝色之布。惟白布幄乃大丧时奉梓宫还京或奉移山陵，沿途所用者俗曰"孝帐房"。

按清代以蓝幄为最卑，然天坛圜丘大祀皇天上帝位，为天青缎圆形幄，列圣配位及大明位、夜明位、星辰位、雷电风雨位均为天青缎方幄，各幄内之绣件亦均天青色，青即蓝色也。地坛方泽大祭皇地祇位，列皇配位、五岳、五镇、四海、四渎等位均为黄缎方形幄，幄内绣件亦均明黄色。

夫御幄之黄与官幄之蓝，盖以颜色区别尊卑、阶级。其圜丘用蓝为像天空之色，方泽用黄为像地土之色，乃像其形，非阶级之区别。其幄之形式，即从天圆地方之古说。惟圜丘青幄内均绣龙，方泽黄幄内均绣凤。岂因乾坤之义，遂将方泽列为女神，与皇后仪式相仿乎？

清代登仕衣冠之礼

清代登仕版者，所著衣冠按季更换，谓之"换季"。

如遇小暑节（夏历六月），应换黄葛纱袍、亮纱外褂。夏历七月前半月，换蓝葛纱袍、亮纱褂；七月下半月，换芝麻漏纱袍褂。八月上旬，宝地纱；中秋后，单袍褂；八月底，夹袍褂。九月前半月，棉袍褂；下半月，换珍珠毛袍褂。十月前半月，银鼠；下半月，灰鼠。十一月，则著白风毛外褂。冬至节后最寒时期可着貂皮外褂，但着貂皮褂者，有官秩品级之限制，不能随便。

至立春以后，由寒而暖，由暖而热，则又依照上述次序按季更换，毋庸赘言。其冠亦有区别，如暖帽之或呢或绒或皮，凉帽之纬帽或万丝等是也。

外使觐见礼仪之变

清代顺治十年，荷兰国遣使高节 [Pieter de Goyer] 及凯撒 [Jacob Keyzer] 入都朝觐，请求通商。礼部议应行三跪九叩礼，两使允诺，始得陛见。自是定，每八年引见使节一次。

康熙四年，荷兰又遣使何伦入京，仍行三跪九叩觐见，当时欧洲各国咸嘲笑其辱节。其实荷兰意在欲与中国通商，发展贸易，故不惜屈就之。

乾隆五十八年，英国遣使马戛尔尼入京，请许贸易。高宗时巡幸热河，马使赴热河见，依定制令行三跪九叩，马使不从。几经交涉，始允按英国仪式屈一膝俯身吻帝手入觐，惟马使仅屈膝而未吻耳。

嘉庆二十一年，英再遣使阿麦斯特来聘，欲见仁宗，卒以拒行三跪九叩为帝所不纳。翌日，旨命离京。

后来，鸦片战争南京订约，其中有中英两国应互用对等之礼一款，盖即谋打破跪拜之意。然清廷于此约言仅为一时缓兵之计，固仍不拟

清代同治皇帝接见外国使节，木刻版画，1873 年。

变更其所从来定制。不久，美国为交换条约遣使至京，清廷仍坚持三跪九叩入觐，该使不服而去。

同治年间，恭亲王及众大臣已略通洋务，谓此末节无坚持之必要，遂改为立谒五揖之礼，谒见地为紫光阁。光绪二十年始在文华殿引见各国使者。

北京的满族弓箭手，木刻版画，1873年。

清宫射箭习俗

射箭为孔门六艺之一，亦为东方固有国粹。我国古时诞儿悬弧，清代亦以骑射建国，故诞儿悬弧之典盛行。关东以弓箭挂于窗上庆贺生子，成为满洲风俗。

清醇贤亲王《竹窗笔记》谓："咸丰年间，余偕八弟钟郡王、九弟孚郡王同居阿哥所，尝承诏入，试文肄武，倍极荣幸。一日，上御五福五代堂，命余昆仲随四姊寿安公主较射。四姊先射一发中之，余继射发，二矢始中。"观此，则满洲妇女亦习射于宫禁中也。

取士演变

唐朝以词赋设科取士，宋初亦然，后改用经义，清沿用明旧制二百余年。进士朝考翰林，大考均用试律赋一篇，或限韵或不限韵。至于学政在一省考试，生童必有经古一门，即试诗赋。其生员以诗赋取中者，正场必列前茅（取一等者补廪食饩）。童生以诗赋取中者，正场必能入泮（即得秀才）。所谓"正场"者，盖正式考试，主要之八股文。考古一门虽非正场，然主试者既重视之，则关系等于主要者矣。

清代科举考试

清代童生第一次经县考试（县考限本县之人），次经府考试（府考限本府之人），第三次经钦命督学使者考试，取中者为秀才。以秀才资格应省考（省考名曰"乡试"，由钦命正副主考考试，限本省之人），取中者为举人。举人第一名为解元。其名列举人之额外者为副榜，以举人资格齐集京师，应会试。由钦命大总裁考试取中者为进士，应复试于太和殿，分一、二、三等。复试后，最末在中和殿试殿试，分一甲、二甲、三甲。一甲三名，赐进士及第，第一为状元，第二为榜眼，第三为探花。二甲一百余名，赐进士出身，第一名为传胪。三甲一百余名，赐同进士出身。自县考至殿试阶段，略如上述。

凡中副榜者，须再应下科乡试，非中举人不得参与会试。

一州县约三五千士子应考，而仅取中三四十名秀才。集百十州县成万之秀才，而仅取中举人数十百名。集二十余行省前后数科五六千之举人，而仅取中三数百名之进士。由数百名进士应殿试，产生状元一名，其难也。若是故大魁天下，其为人艳称羡慕宜矣。

北京的科举考场，木刻版画，《伦敦新闻画报》制作，1873 年。

北京正在参加科举会试的举子，木刻版画，《伦敦新闻画报》制作，1873 年。

清代科场之"糊名易书"

清代科场试卷，用糊名易书办法防弊，甚为严密。有时主司极愿取中，某人而偏不中。如光绪壬辰会试，主司翁同龢特别注意张謇，亲阅试卷，认为张謇取中第一名。不料却是刘可毅，并非张謇。有时主司有意打落某人，不欲其中，而其人偏偏高中。如光绪乙未会试，主司徐桐之于康南海（祖诒，即康有为）是也。

盖糊名易书，在填榜拆封之前不能预知为谁，只凭文理揣度毫无把握。至末两科改试策论，取消誊录（即易书），则可预知。如光绪甲辰会试，会元谭延闿试文固佳，亦因主司知为前辈谭文勤公之裔，有意玉成之耳。

殿试的"听卷"

南通张季直殿撰《自订啬翁年谱》，谓甲午殿试阅卷大臣张之万八人惟查，殿试乃皇帝自己出题，主试故有"朕将亲览焉"一语，应试者用以臣对君之口吻，故有"干冒宸严"一语，所派大臣仅读卷给皇帝听耳。在事实上虽系大阅，而特阅在文字程序上却只能言"读卷"，不能言"阅卷"也。

朝考有阅卷大臣，宗室卷子之主考或总裁亦可书"公阅"。因大臣总裁等虽无阅定之权，却有阅进之职。惟殿试不能言"大臣阅卷"，殿试策上亦无大臣之姓名，只有皇帝与应试人两方面，方合于皇帝临轩策士之本义。

殿试与书法

清代殿试，全凭书法写大卷子，另是一路工夫。蒙古人崇绮之得状元，满洲人寿耆之得榜眼，亦以书法精妙，虽汉人名翰林无以过之。北京街市各处匾额多出词林之笔，法源寺客堂中有崇状元所书一匾，东四牌楼北某胡同有寿榜眼之牓书，皆为银钩铁画，坚卓清整，盖秉承成亲王一脉渊源。成亲王名永瑆，别署诒晋斋主，清高宗之第十一子。其书法天骨开张，局度恢阔，为清代大书家之一，旗族中之佼佼者。

科举的重文轻武

清代光绪癸未科殿试之武探花刘占魁与甲辰科文状元刘春霖，皆直隶肃宁县人，既同乡复同宗。然文刘一举成名天下闻，武刘则无传留之印象。武鼎甲亦天子之门生，亦金殿传胪之新贵，然文对武向不认为同年，大众对于武科名向亦漠然视之。故樊总兵谆诲其子樊增祥，务必弃武学文改换门庭，即具此心理也（樊增祥以进士选庶常寻改授知县）。

清代官员合影，佚名拍摄，1900 年左右。

清代的武试

清代武试场规:小考(考秀才),马弓、步弓各须四力,刀则八十斤,石则百二十斤。乡试(考举人),马弓六力,步弓六力,硬弓自十二力起,至十四、十六力三等,刀自一百二十斤起,至一百四、一百六三等,石自一百四、二百,至三百斤三等。

若遇晴燥风高之日,再遇初由弓箱取出,乍上弦未曾开过者,则其硬当加数十斤。盖硬弓在监临大堂弛弦挂于大木箱内,下以炭火烤之,临赴演武厅时始上弦,而以百斤铁砝码挂弦上试开之,及彀,视其码若干,以定其等,会试力量照章增加。

武科甲

武科甲不但为文人所轻,即武人亦不重视之。清光绪戊戌年,言官请将武场弓刀石改为枪械,兵部议复云:"武人以行伍为正途,科名不过联备一格。"公然形诸奏牍,亦实情也。

清代官员的考试

清代翰詹大考,隔若干年举行一次。名在一等及二等前列可升官,二等末及三等前列可照常供职,三等末及四等则罚俸改官、降官。有诗云:"金顶朝珠褂紫貂,群仙终日乐逍遥。一闻大考魂皆落,告退神仙亦不饶。"因定例不准规避,惟奉差者可免。光绪甲午大考,叶菊裳日记云:"己丑一榜,全军尽没,木斋诸君当以不与考为幸。"时李盛铎(号木斋)等充会试,同考官在闱中也。

"同学"之称的演变

翰林院为学者衙门,故翰林院有"同学"之称,与他官署不同,即与论前后辈之内阁、都察院、吏礼两部、军机处亦异。其对于科分早者，称前辈自称"侍"，对七科以上之大前辈则自称"晚"，前辈对后辈不欲以长自居，故泛言"同学"。如清代陈启泰比张百熙早两科，其挽联下款自署"馆同学"。即再早数科，亦可如此称犹之。现代学校制，凡前清大学堂学生对于民国之大学生，皆可称"同学"，而后辈对前辈毕生则不能称"同学"，盖各尽其道也。

光绪帝崇陵

清制凡皇帝临御后，生前即派堪舆相度地势，关于土脉风水逐一详察。选定后，钦天监算法梁、样子雷等各有专司，各以图像说明，奏呈御览。俟钦定后，乃派内务府、工部等各按职责所司，敬谨兴修，名为"万年吉地"。历代皇帝龙驭上宾 [指帝王死去]，陵工无须临时修备。惟光绪帝西陵（崇陵）之九龙峪吉地，虽亦生前择定，但以国家多事，迄未与作。

追至三十四年光绪上宾，始于宣统元年急为开修。计其工程共分四大段，期以五年竣工。头段派贝勒载洵，二段派贝子溥伦，三段派公爵载泽，四段派大学士鹿传霖。宣统二年冬，鹿相因病出缺，又改派内务府大臣奎俊。闻当初相度地势时，即将金井坑错点，起土则似石非石，如烧过之硬煤。若移前一丈，便是极佳土质。议者谓恐于后嗣不利。又闻昔年咸丰帝之东陵金井坑之土不佳，惟选择吉地之大臣所以未得处分者，系因帝所自定也。盖所派深明堪舆之大臣四人选择，议不能决，帝乃摘手戴之玉扳指抛去，落于某处，即就其处用之。及至起土，乃似石而非，以手拍之即碎。说者谓皇储缺乏以此故也。

光绪帝之崇陵，较诸历代为最俭，因改革后政府虽按条约允拨工程费若干万，但比之从前则减多矣。故一切象生等物（即石

光绪皇帝之葬礼，佚名拍摄，1908 年。

人、石马各件）均未照例备办，惟宝城及隆恩殿、御碑、神厨库、五孔平桥各要工程，尚依旧制。

清代陵工以乾隆及慈禧（即孝钦太后）两陵为最奢靡，嗣被匪人盗发，其惨状亦为最酷。

二

清末民初名人逸闻

慈禧肖像，裕勋龄拍摄，1903 年左右。

慈禧向联军宣战之由

清光绪二十六年，庚子拳匪乱作。皇太后派大臣刚毅、赵舒翘前往涿州解散拳匪。该匪勒令跪香，语多诬诞。舒翘明知其妄，终以刚毅信有神术，不敢立异，仅出告示数百纸，含糊了事，以业经解散复命。

及各国联军陷大沽，太后召各大臣问话。先召庆王（奕劻）问："和、战，孰善？"庆对曰："和、战，各有利害，仍请太后主持。"太后怒曰："汝所对与未对同。"又召问刚毅，刚请力战到底。又召见赵舒翘，谓之曰："汝曾作外官，应较刚毅等未作过外官者胸中明白。或和或战，予将于汝决之。"舒翘本已答应荣禄，助其主持和议，后又窥测太后之意，以游移之辞对曰："闻各国皆调大兵来华，恐中国无必胜之把握，然今日议和亦极困难。"太后怒曰："汝究竟主和主战？须直言。"乃又答曰："臣意先战，俟战败再议和不迟。现在勤王之兵已将至京师，即使全败，洋兵亦不能深入内地。"末后一语深中太后之意，乃决意一战矣。

设使舒翘主和，不以游移之辞对，则太后亦未必坚决主战。战败之后，联军索办罪魁，舒翘褫职留任，寻改斩监候。次年，各国索赵益亟，上乃赐其自尽。

中法停战之秘闻

清光绪九年，中法之役谅山一战，冯子材以古稀老叟连战皆捷，自镇南关至越境边境悉复。越人二万余众组忠义团响应，冯军可操胜算。惜不久停战诏下，坐使前功尽弃。此固清廷误于不明军情，而知其内幕者则谓，尚有一段秘密外交关系。

先是镇南关之战，清军大胜。巴黎闻报大惊，两易外部以应急变。未几，冯子材复大捷于谅山。法议会得讯，主战派失势，内阁几至解散。是时，清廷所派驻德兼驻奥使臣为李某，对于谅山战争尚未悉其详情。

福州抗击法军的中国士兵，木刻版画，1884 年。

一日，德相俾斯麦邀李密议，李适因公赴维也纳，乃由参赞陈某躬往与议。至则俾相出示中国大胜之电，并告陈以巴黎政局情形，进而语之曰："君电贵国政府勿轻媾和，欧洲方面吾国可遥为呼应，未始非贵国之利。"陈诺而归。

当时，此参赞陈某在柏林中国使馆，系偕眷同居。其妻为法国人，初闻德相召其夫往，心疑有他。俟陈既归，侦得其情，亟电法内阁陈述大概。法内阁因急介美（或言为英之赫德）居间排解，两国停战罢兵。陈某越三日，始以德相之言电呈李文忠（鸿章），时文忠方主外交议和甫毕，已无及矣。

京师大老

清光绪中叶，京师大老主持文会者，北人则徐桐、李鸿藻，南人则潘祖荫、翁同龢。徐掌翰林院，潘领南书房，李为同治帝师，翁为同、光两代帝师，值军机亦较久，各有相当权力。翰林放差与否，戊戌以前于翁尤有关系，潘则庚寅已故。迨壬寅、癸卯两科，以上四公三人故，一人去，放差情形遂甚复杂。王文韶以军机掌院，孙家鼐亦掌院，各具权力。其庚子年两宫西幸，适值更换学政之年，凡间关赴行在者多得差，盖近水楼台也。

满人状元崇绮

崇绮，字文山，清同治乙丑科状元，同治皇后之父，封三等承恩公，官工部尚书。穆宗（即同治）崩，后殉之，绮乞退。孝钦太后（同治之母）训政（光绪时代），授大阿哥溥儁读书（大阿哥不久即废），除[任命]吏部尚书。光绪庚子年乱，两宫西狩，绮走保定自缢死，谥文节。其住宅在北京东单牌楼迤北，东堂子胡同中间路北。此宅本文节公父赛尚阿之旧居。清咸丰十年十月间，奏设同文馆于此，挑选八旗子弟，充学生学习外国语言文字，以备翻译。

恭亲王

清文宗咸丰时代，恭亲王（文宗之弟）身体虽不魁伟，而才智英发，胆识兼优。每阅公牍，目下双行。如诛安德海（太监）、留京议和（英法两国兵犯京师，文宗出狩热河，王负留守议和重任），皆足以表现其才智。因诛安太监（孝钦太后所宠），与孝钦相忤，罢议政王。间居第，以功在社稷，旋又秉政。

王以功高位尊，故其邸中客厅之首座向无人敢坐之。曾文正公（国藩）有平定南京之勋，在京时到府拜谒，尚未肯坐其首座。其后只有一人居之不疑，安坐自得者，乃李侯相（鸿章）耳。盛伯羲祭酒，曾具疏劾王揽权植党。或谓系因私怨，盖盛谋入书房，王以本朝无宗室入书房之先例，拒之也。

王薨时，孝钦及德宗先后到府。孝钦甫下，与即痛哭而入。诚以国家多事之秋，遽失贤才之辅，旷观诸王中无能及之者，追念前功，不觉失声。

载振与杨翠喜

清光绪丙午年间，贝子载振奉旨调查东三省事宜，归途过天津。袁世凯适任直隶总督，宴振于中州会馆，演剧侑觞 [助兴之意]。彼时坤伶盛兴，杨翠喜又为佼佼者，乃点其擅长之剧演之。主人询以所演如何，振以色艺俱佳答之。

时杨伶已与盐商王益孙有金屋之约，尚未实行。旋闻振有赞许之语，以为振有意纳之，王乃告杨伶急回杨柳青原籍避匿。适逢段芝贵由候补道署黑龙江巡抚之命下，某御史遂奏称段芝贵寅缘亲贵，以千万金献之庆邸（庆亲王奕劻），以杨翠喜赠与载振为妾等语劾之。

恭亲王肖像，约翰·汤姆逊拍摄，1871 年左右。

其后，上谕派醇亲王载沣、大学士孙家鼐查办，卒以所参各款查无实据复命。

载振辞职

清光绪丙午年，某御史奏劾段芝贵寅缘亲贵，以坤伶杨翠喜赠与庆亲王之子贝子载振为妾，经派王大臣查无实据一事，载振惶恐，自行辞职。奏称："臣系出天潢，夙叨门荫，诵诗未达，乃专对而使四方（出使英国贺英皇加冕），恩宠有加，遂破格而跻九列（任商部尚书）。适逢时事艰难之会，本无资劳才望可言，卒因更事之无多，遂致人言之交集。虽水落石出，圣明无不烛之私，而地厚天高，局踏有难安之隐。若复因循恋栈，贻衰亲后顾之忧，岂惟庸懦无能，负两圣知人之哲，不可为子，不可为人。思维再四，惟有恳请圣恩开去一切差使，愿从此闭门思过，得常享光天化日之优容，倘他时晚盖前愆，或当有坠露轻尘之报称"云云。

熊希龄的情书

熊希龄，字秉三，曾任民国国务总理。原配朱氏，伉俪甚笃。朱逝世后，熊年六十六岁与毛彦文女士结婚，白发红颜一时传为佳话。闻未结婚之前，熊致毛之情书颇多，足见爱慕深切，兹录得情书之一如下：

熊希龄肖像，佚名拍摄，1920 年左右，上海图书馆收藏。

　　彦文女士，久未晤为念，顷有所陈于左右者，请先恕仆之唐突。溯自与季儿同学时，尝称道君之贤淑，为彼第一知交。迨君与某之解除婚约，后朱夫人屡屡代抱不平，谓君温和而多情，而某某则薄幸而负心。种种印象，深入仆之脑筋，未尝一日相忘也。

　　是后仆对于君之境遇，十年以来时时注意，而于危急乱离之世尤恐君陷于危难之邦，想君当能记忆也。继而知君能与境遇奋斗，以一女子而能独立生活，且牺牲己利，以孝亲爱妹，其性情之纯厚，道德之高尚，尤为仆所敬爱矣，仆亦不自知以何因缘而注意至此也。仆自朱夫人故后，加以家事纷纭，观念消极万分。比年以来，病魔缠扰，尤觉扶持无助，仆欲得一看护照料病躯而已。乃季儿与香儿坚决反对仆之意见，竟以仆向所敬爱于君之故，而代向君征求同意。前日来报大略，使仆既惊且喜，不啻褴衣而拾珠玉，旱苗而得雨露也。仆以老大之身经此家国之难，自觉生命垂萎，今忽得君之眷顾，振我精神，又不啻仆之新生命、新纪元也。

　　仆不仅为个人家庭幸福庆，且为所办慈幼事业无量数之儿童幸福庆矣。仆以十三年社会事业之经验，深觉现代之需要，必得一真正文明之家庭以为之倡，仆以君当负此重大使命矣。仆无他能，惟以诚挚之心必使君之精神快乐满足，而立此模范家庭，以为我国无量数之儿童幸福基础，不独子其子也。

熊希龄香词

　　婚后数月，熊并绘《连湖双鹭图》赠毛，中嵌熊之亲书《赛天香词》，录之如下：

　　缟衣摇曳绿波中，不染些儿泥垢。玉立亭亭飘白羽，同占人间未有。两小无猜，双飞不倦，好是忘年友。粉屑香腮，天然生就佳偶。但觉万种柔情，一般纯洁，艳福容消受。软语娇翚沉醉里，甜蜜光阴何骤。纵与长期年年如此，也若时非久。一生花下，朝朝暮暮相守。

彭雪琴

清代彭雪琴宫保（玉麟），湖南衡山县人，以咸丰、同治年间战功卓著，荐升侍郎。相传其幼时家贫，孑然一身，曾在典肆从事。典肆邻近，有浣衣妇名雪梅者，荆钗布裙，姿首颇丽，与彭熟识，彭每以资助其生计。后彭从戎，飞黄腾达，浣妇乃与其夫同往谒。彭细询别后情状，妇具以告，且述其苦。彭于军中位置其夫一席，后得升至水师哨官。

彭中年以后喜绘梅花，所印之章有镌"几生修得梅花"者，有镌"古之伤心人别有怀抱"者。或即以此疑彭欲纳浣妇，终以不得为憾，未免以小人之心度君子也。

闻衡山城内有梅花巷，即雪梅故居。邻近并有彭公专祠，四壁尽嵌石刻彭之所绘梅花屏，可为千秋佳话。

清代总督巡抚

清代总督巡抚之署西偏北面天花板下面，有一小楼，内藏王命旗牌。王命者，即旗一、牌一，面上均于正中书一"旨"字。凡遇有重大之案，如谋反、逆伦等，则督抚焚香九叩，请出王命，将该犯凌迟。该犯应由署之西首大门而出，此门常年封闭。常人及属员均由东角门出入，中间大门则非督抚不能行走。

至于督抚遇有章奏，则分折本两项。盖例行公事，皆题本，其余则以折陈奏。其制：关于奏事则用白色折，与今之手折大小相等。如贺祝、请安，则用黄色折，后面衬以红纸裹外，用黄纸封，再外用黄绫封。由名手恭书小楷一笔，不许潦草及减笔。帖体书就，外用黄绸包好，放于长方裱纸黄木折匣内，另外以黄布包袱包之。督抚在大堂

直隶总督李鸿章肖像，梁时泰拍摄，1878 年。

设案，将折匣陈案上，然后升炮，三跪九叩向北拜之。拜毕，由案吏请折匣递呈督抚手内。督抚双手捧匣，向南行至堂下丹陛上。早有折差在此向北竦跪，双手接过举于顶上，然后起立，循甬道出大门。作乐鸣炮，督抚则须向南侧立恭候，折弁直出大门以外，然后闭门。礼仪非常严肃。

清代总督之阅兵

清代各省总督、巡抚，既有节制各提镇之衔，则身为统帅例须戎装阅兵。奈各督抚原属文职，不耐介胄之苦。每年按定例，霜降日督抚亲至校场大阅。惟应着之介胄则由大堂楼内取出，安放于亮轿上抬至校场。演武厅上之正面大帅（即督抚），却乘八抬轿而往至。兵勇则身着虎纹衣帽，所演无非长矛、砍刀、藤牌等军槿而已。

权臣立山

清代立山，字豫甫，蒙古人。光绪二十六年庚子，任户部尚书。立山久典内廷，同列嫉其宠眷。会拳匪祸起，联军至天津，廷臣集议御前。载漪（端王）盛称拳民可用，立山适在侧，曰："拳民虽无他然，其术多不验。"载漪益仇之。立山尝上奏进谏，太后不纳其言。立山宅邻法国教堂，仇之者乃中以蜚语，谓其藏匿外人，并言彼掘一地道以接济洋人食物。竟以此，于是年七月十六日晨论死。

宣统元年，追谥忠贞。或谓立山之死又有远因。立山曾眷西城口袋底 [西城一胡同] 一名妓，载澜亦眷之。其时载澜贫乏，妓卒为立山所得，故深衔之。及拳匪乱起，载澜（公爵端王一党）遂构陷焉。被害之日，有人在菜市口见一拳匪服饰之人扶一物于马上驰，而远望不知何物。及近见，为一人，手足被缚，且已残废，

清代一位官员出行，彩色石印版画，《法国小报》1904 年印制。

即立山也。

郎世宁

郎世宁，意国人，供奉清代内庭，历康熙、雍正、乾隆三朝。以西法写中画，此其滥觞也。康熙五十六年入宫，乾隆三十一年卒，年近八十，葬于阜成门外。所绘《百骏图》成于雍正六年，尤为名贵。

杯酒释兵权

清光绪二十六年庚子，甘肃提督董福祥统甘军数十营，隶于武卫军。后以围攻北京各国使馆故，奉旨革职。然以其军权未解，清廷恐其激变，故外人虽指名请惩，终以有所顾忌，仅予革职。盖其所部甘军皆为同乡土著，武装未缴，随时可以倡乱。迨和议成立后，董仍带其旧部在甘。

光绪二十八年壬寅，董只身来省，原拟向甘督及藩司索其欠饷。甘肃本属协饷省份，向赖各优富省份协济。藩库平时所存无几，不敷发给董部全军欠饷。尔时陕甘总督升允、甘肃藩司（布政司）丰伸泰二人密筹对待之法，乃设盛筵宴之于督署。席间酒酣，丰公盛誉其仰体时艰，忠义不二。董闻之大慰，慨然答曰："欠饷某自筹之，决不烦两公以扰地方。"丰公又微讽以武装不缴恐终为阁下盛德之累，董立即允为交出。两公恐其后悔故延，遂乘机奖其慷爽，当即议定派员随往，点收军械，运省存库。计其全军所有快枪、钢炮、子弹等悉数交出。自此，甘肃地方隐患于杯酒间消弭之矣。

张之洞爱才

清代张文襄公（之洞）奇才饱学，恒恶捐班。其抚晋时到任，先看全省官员履历。偶见平定州知州俞联三出身捐纳，乃下令调省查看，意欲挫辱之。

比俞到院，文襄曰："余适有一事文案，诸君着笔均不惬鄙意，闻足下政治文章均优，请为我一拟之。"俞虽捐班，然其人才思聪强，优于翰苑，乃骤对曰："请赐纸笔。"文襄异之，亟饬侍者具纸笔。俞顷刻而就，辞理赡富。文襄阅之大喜，立谕其速归任。俞曰："大帅既不以联三为不肖，则不愿回任矣。"文襄乃留俞充抚署文案。

智得翁同龢墨宝

清光绪二十三年戊戌政变，常熟相国翁同龢以力主变法、倡行新政被罪革职。所难堪者，以大学士帝师之尊，交地方官严加看管。是时，常熟知县某为甲榜中人，亦风雅士，极爱相国书法。值此时机，恳书屏联。相国既心正抑郁，又以有严加看管之嫌，遂将来纸束之高阁。知县送纸之后，久未能得到墨宝，心甚焦急，倩人探询，得悉公意。失望之余，乃思得一计，以赚取之。

于是由即日起，每隔数日必致相国一函，询近日行动，似有实行看管之意。相国阅函大怒，即刻裁笺作复，内云：翁某某日某时食饭几盂菜几品，某时登厕，某时卧眠，谨报告老父台云云。嗣后，知县虽不来函，相国内中时露愤怒之意，亦必具报。为时既久，知县所得手书已数十通，裱一巨帧藏之。

时值改岁，例请春酒。知县亦请相国宴于公廨，益请本县士绅多人作陪，将所裱相国手书悬于中堂。比相国至，首望见之，以函中所书无非愤激而出之言，岂是宝藏之物，亟嘱知县毁之，勿再张挂。知县乃面陈保存之意，实为笃爱墨宝，将以传之子孙，不忍遽毁。

相国宴罢归邸，熟思此事，始悟知县前此来函，盖欲赚得手书，以为要求墨宝之计。于是伸纸染翰，即将屏联书就，浼人将知县所裱手书换回。知县既得屏联，如愿以偿，亲携裱件赴邸谢罪。由此，相国雅重其人，遂与纳交。

张之洞（第四排右起第五位）与中外宾客合影，佚名拍摄，1902 年。

太平天国军官和士兵，木刻版画，1864年。

洪大全

　　人皆知创造太平天国者，为广东花县人洪秀全，其实秀全之成功，皆仰赖洪大全之力。洪大全，湖南衡州人。其人幼敏慧，髫龄能背诵十三经，工诗词。长而恃才狂放，不为乡里所容，遂流亡党会中。洪杨发轫之初，势弱力薄，不足成事，乃联络民间党会以揭橥。最著者为三合会，会魁即洪大全。当秀全联合三合会时，大全之势正当鼎盛，佩秀全之魄力见识，乃诚意推让拥戴。然在名分上，则大全为兄，秀全为弟，大全号"天德皇帝"，秀全称"天王"，名称尊卑，如此可知洪大全在当时地位之重要。

　　秀全得大全之助，势既由微而盛，攻城略地，权利之心亦渐炽。

遂谋摈三合会攫为己有，排异己，以免后忧。是以后来洪大全被清将乌兰泰所获，实由秀全坐视不救。三合会由此涣散，秀全得坐收全功。大全才略过人，性亦慷慨。永安一役，被乌兰泰围困，乃设奇计图过阳朔一地而不成，被执槛送入都，终不屈而死。当其过津时，痛饮题扇云："寄身虎口运筹工，恨贼徒不识英雄，漫将金锁绾飞鸿。几时生羽翼，万里御长风？一事无成人渐老，壮怀要问天公，六韬三略总成空。哥哥行不得，泪洒杜鹃红。"（上系传闻，不知确否。）

相公与二丑

清光绪庚子以前，北京有所谓"二好"者，字之好与相公之好也。彼时进士之朝考卷殿试策，专重楷法，点画匀净，墨色晶莹，分行布白，横竖错综，期无毫发之遗憾。策论诗皆次之，其甲乙惟以字之工拙分之，此字之好也。所谓"相公"，一为学士（大学士），一为伶人（俗称"像姑"，与"相公"字音相近），贵贱不同，称谓相垺。俗尚交游，如有庆吊事，以有学士临门者为荣，如有筵宴事，以有名伶侑酒者为荣，此相公之好也。

又有所谓"二丑"者，大小遗之丑与制艺之丑也。通衢大道，失溺满地，公然裸体，当众而遗首善之区，贻笑外人，此大小遗之丑也。制艺一名"墨卷"（俗称"八股文"），专以色泽声调为事，绝无实用，而一旦获隽，则富贵利达，胥由于是，此制艺之丑也。

廉南湖（泉）

清代光绪末年，无锡廉南湖（泉）侨居沪上，对于红粉名伶掖引最力。陶默厂现身氍毹 [舞台的习称]，誉满春申，实赖南湖嘘植。盖默厂之叔端匋斋（方），素与南湖交谊綦笃。匋斋性嗜金石考鑒鉴定，每移驾廉邸质之。是以南湖于默厂以父执谊，力为游扬。默厂喜效

被英法联军焚毁之圆明园遗迹，托马斯·查尔德摄，1875 年左右。

男装，尝摄影以赠南湖。南湖夫人吴芝瑛亦珍爱之，而藏诸奁中，影旁题咏殆遍。厥后，竟付劫灰，夫人深以为憾。

庚申之变

清咸丰十年庚申，因交涉失和，英国率兵数千于七月廿四日进至通州，英酋巴夏里与怡王、穆尚书会议，态度倨傲。八月初四日，僧王（僧格林沁）在通诱擒巴夏里等三十余人。初六日，解京交刑部。

初七日，僧军败绩。初八日，咸丰帝赴热河。十一日，英兵抵安定门外。廿一日，恒祺由刑部迎巴夏里至高庙，优加待遇，令其函致城外退兵，以俟议和。廿五日，恒祺送巴夏里出城，城上均悬白旗。九月初一日，忽见西北烟尘迷漫，值西北风，满城皆松木气。初二日，亦然。初三日，见安定门贴有英军告示，谓以僧王伏兵袭获其员弁等，内有数名惨死，甚为可恨，当将圆明园内宫殿立行拆毁，为遭害者偿报云云。始悉圆明园被其焚毁。初十日，恭王奕䜣入城议和，不得谓非奇耻大辱也。

"庚子事变"时期的北京街景，佚名拍摄，1900 年。

"洋秀才"的传说

相传清代光绪庚子年外国联军入北京，统帅德人瓦德西见清室君臣皆遁，人民惶恐。为安定人心、恢复地方秩序计，招集中国士绅、会商，设警察巡逻，并聘顾问多人，以备咨询。

或有建议者，谓中国搜罗人才向以八股试帖，凡将相及地方官长悉取给于是。瓦以为然，因即金台书院考试诸生。试日，人数甚多。文题"以不教民战"，诗题"飞旆入秦中"。考中者咸获奖金，人戏呼之为"洋秀才"云。此说未必实有其事，因议和条件内有各国要求停止在京考试数科一条，可资证明。

老残与大刀王五

《老残游记》著者刘铁云，庚子年（清光绪二十六年）拳乱，以

私枭太仓米赈济贫民
遭谴。其时刘于北京
东华门外设平枭局，
广发仁粟以拯嗷嗷，
善声播于遐迩。救饥
之外，兼掩露尸，创
立瘗葬局，以沈愚溪
主其事。每日遣人巡
逻街巷，遇无主尸骸，
殓而瘗之。

当时有义侠，著
称之"大刀王五"，
见杀于洋兵，暴尸多
日。由刘铁云搜巡发
现，为营葬焉。大刀
王五者，镖客也，慷
慨尚侠。庚子拳乱，
京官眷属赖其保护，

老残肖像，天津河堼照相馆，1890 年左右，资料照片。

出京者不下数百家。联军入京，五率其徒数十人，以卫民自任。时与
焚掠民宅之洋兵格斗，尝一日手杀数十人。一日洋兵围石某之宅，五
经其地，即互演白刃战，以中弹伤重被执见杀。盖误以为义和团余党，
不知其为王五也。

朱尔典之晚年感悟

清末，英国驻华公使朱尔典恃其国之强，昂视阔步，傲睨
一切。

宣统三年与外务部交涉片马一案，强横表示，谓英国军警已在边

界，决意治理其地，中国派员前往必起冲突，若自量其力足以逐出英人者，不妨派往云云，气焰可谓咄咄逼人。

迨其解职居伦敦，每日无聊，自任一小银行董事，昼挟皮包前往，实则无所事事。或问所以，答曰："吾不能再过官瘾，权以此消遣耳。"

朱尔典肖像，1910 年左右，资料照片。

李经羲假殉国

清代大吏因嗜阿芙蓉 [鸦片，阿拉伯语 Afyūm] 而发生之故事，殊多传闻。李经羲总督云南时，值辛亥起义，滇省兵变，环顾大势已去，祸且及身，因召群僚就烟榻握灰一撮，曰："吾身受国恩，今日有死而已，愿即以此毙命。"言讫，作欲吞状，继谓："身为朝廷命官，礼宜更衣而殉。"因入内更衣，良久不出，盖已易装遁矣。

袁世凯评传

袁项城大总统志趣不凡，才猷卓越。前清光绪时代，曾简放浙江温处道，项城并未赴任。嗣以候补侍郎练兵小站，名曰"新建陆军"，闻望昭著。庚子年间，简放山东巡抚，乃率新军赴任。旋遇义和团起，朝廷正在信拳孔殷，对于洋人无不虐待。项城独具卓见，虽不显然反对信拳，而用兵积极剿匪，遂尽逐其出境。鲁省华洋人等蒙庥实非浅鲜。

拳匪乍平，李傅相（鸿章）奉旨对外议和，并任为北洋大臣、直隶总督。和议未就，李傅相遽薨逝。庆亲王奕劻继任议和之事，袁项城继任北洋大臣、直隶总督，唐少川（绍仪）补授天津海关道。项城最信任之，言听计从。汲引关于洋务一时之俊彦，如蔡述堂（绍基）、梁孟亭（如浩）、周寿臣（长龄）等，西医如金巨卿、麦佐之、屈桂庭（永秋）、徐静澜（华清）等，皆在北洋服务。

项城注重练兵，北洋新军规模宏大。光绪戊申年间，已编有陆军六镇（即六师），军容如火如荼，甲于各省。

项城爱才若渴，罗致无遗，惟有吴伟卿（仲贤）亦系留学美国毕业人才。项城曩昔赴高丽（朝鲜）时，吴伟卿随同服务。论资格尚在唐少川之前，而以品秩较卑，位置遂逊于少川，因此伟卿怀疑项城对伊轻视，负气而去。项城每思念之，而伟卿杳如黄鹤一去不返，

袁世凯肖像，佚名拍摄，1913 年，资料照片。

直至项城薨逝，始出仕为江汉关监督，锡臣公之从弟志云曾在其宇下服务。

项城对于锡臣公倚畀甚殷，尝言：同成铁路暂缓进行，无所事事，礼官事亦清简容遇，他事需才仍当借重云云。足征特达之知，惜未久于元首之位耳。

项城阅览文牍，批答神速。礼官处派人赍呈公文，往往人尚未归，而公文已经批回。案无留牍，可想而知。

洪宪一事，原非出于项城本意，卒以左右文武极力怂恿，成为事实。先是项城注意外国报纸，恒恐发言诋警。逢迎之辈乃伪印日本《顺天时报》，每日进呈，证明赞成，以坚项城之意。嗣有蔡松坡（锷）通电反对洪宪，王聘卿（士珍）乃以真正《顺天时报》进呈，项城始悟每日所阅《顺天时报》皆为赝鼎，追悔异常。盖宵小但知希荣固宠，以致项城身败名裂，洵为千载之遗恨。

袁世凯帝制时的外国"大臣"

洪宪之役袁项城称帝登极，驻京各国公使多不往贺，惟挪威人曼德独肯称臣，传于一时。帝制发生之前二年，正值首次欧战，驻京之各国使馆卫兵先后被调归国。中国为保护使馆特组织保安队，即以曼德为队长。

及帝制兴，项城授以陆军中将，并于登极后颁赐添盆锦缎等物，曼德称外臣具折谢恩。有人戏以诗云："内府颁来不记名，相传墨宝抵连城。天恩原不分中外，无怪称臣到客卿。"

张謇和袁世凯之恩怨

南通州张季直（謇）与袁项城（世凯）之关系，本在前清光绪初年吴武壮公（长庆）率师赴朝鲜定乱时。二人同居幕府，其后南通回国从事举业，大魁抡元 [科举考试中选第一名]。项城奉朝命练兵小站，踪迹稍疏。及南通于故里兴办实业，项城由鲁抚转任北洋，声势烜赫，南通不时有求助处，复温旧交。至项城任大总统，南通入为总长。帝制议兴，又跻诸"嵩山四友"之列，是两人交谊始终并未断绝。

而项城帝制失败后，南通党人谓南通自始即鄙袁之为人。朱曼君（铭盘）笔录载有代南通张季直兄弟致袁慰廷书，丑诋备至。是书印于民国二十四年，曼君之婿某方任国民政府要职，特补刊此书，以示张不党袁之意，实则如此亦不足为南通增声价也。

嗣又见某笔记载，光绪三十一年南通因立宪事致书项城，略云：明公今手揽天下重兵，肩天下重任矣，宜与国家有生死休戚之谊，顾亦知国家之危非甲午庚子所得比拟乎。不变政体，枝枝节节之补救无益也。不及此局势未定之先谋变政体，而为揖让救焚之迂图，无及也。

张謇肖像，佚名拍摄，1915 年左右，上海图书馆收藏。

夫日俄之胜负，立宪专制之胜负也。令全球完全专制之国，谁乎以一专制当众立宪尚可幸乎？自日本伊藤、板垣诸人共成宪法，巍然成尊主庇民之大业。公才雄一代，岂必在彼诸人之下？即下走自问，亦必不在彼诸人下也，云云。

原书拟袁氏为伊藤、板垣，其尊重如此，盖南通亦功名事业中人，岂能如曼君书中所云，鄙之不值一钱？即以人格论，故者无失其为故，如天津严范孙（修）侍郎，始终不相菲薄，未闻以党袁而丧其声誉，彼南通党人不明此义也。

古德诺帝制之辩

洪宪之役袁项城帝制，自为举国皆反对，而当时美国人古德诺方为客卿，大倡帝制论，主张君主。国人以其谬妄，群起而攻之。古以群言可畏，乃归其国。或有人询以"君为共和国民，何反倡帝制乎？"古答曰："中国数千年专制，余氛犹浓，吾殆耳濡目染，不觉以专制为良耳。"可谓巧言。

黎元洪评传

黎大总统元洪原系湖北混成旅旅长，辛亥年（即清宣统三年）八月十七日，即阳历十月十日在鄂起义，卒成共和，易如探囊取物，出乎意料之外。黎公循规蹈矩，安分守己，绝对无意行此惊天动地之创举，端赖孙武、张振武等坚心毅力，不惜冒险，翊赞为之。

二次任元首时，居于东厂胡同邸第。每日依照法定时刻赴中南海办公，来往途中不设警备，轻车简从，无异平民，为历任大总统中首屈一指者。

黎公为人慈善异常，遇事寡断。左右之人假其名望权势往往作福作威，因此发生窒碍，百务不能进行。张振武可谓庸中佼佼者，但伊性既桀骜不驯，又好货财，任意挥霍。黎公稍不允其要求，辄流露其嚣张跋扈之态度，给黎公以难堪。黎公因恐养痈贻患，不得已密呈袁大总统，诱张振武入都制伏其罪，并约黎公北上以副总统兼任参谋总长职务，所遗湖北都督以段祺瑞继之。

黎元洪肖像，1917年左右，资料照片。

"元洪位备储贰"之由来

黎大总统（元洪）之秘书长饶芷僧（汉祥），每草文牍喜引典故。对于副总统一辞，因无典可用，乃以太子之典引申而出之，曰"元洪位备储贰"。其后汉祥出为鄂民政长，误解法人一辞，文告有"汉祥亦法人也"之语。好事者为联谑之云："黎元洪篡克定位，饶汉祥是巴黎人。"盖以"元洪位备储贰"，戏指为夺袁大总统（世凯）子克定之位也。

辜鸿铭轶事

清末有福建籍两大文豪，一侯官严几道，一晋江辜鸿铭。严之性情和易，与人无忤，所译书至多，士林重之。辜之性极倔强，喜詈人，尤喜詈西人及自命时髦之西洋留学生。其著作多以西文刊行，华文著作不多见，故其名望腾于世界而国内反不显。其中西学力不在严之下。辜之汉文著述可见者，若《张文襄幕府纪闻》，记其与文襄及其幕府诸公研讨政学，甚多发明。文襄一代通儒，其幕府亦多绩学之士，辜能与之研究讨论，足见其学识之超异。

光绪某年，俄太子偕希腊世子来华游历（此俄太子即俄皇尼古拉二世），至汉口，文襄设宴招待，各赠七律一章。辜译成俄文及希腊文，不失原意，举座惊异。又尝译西诗，名"痴汉骑马歌"，音节和畅，接武庾鲍，时人称自有译诗以来此为第一，是其文学造诣之精深可见一斑。

又民国某年，张勋生日，辜戏语人："吾拟取唐诗一联赠之，曰：'荷尽已无擎雨盖，菊残犹有傲霜枝'。"上言清社既屋，凉帽已无用处，下则以发辫为傲霜枝，其风趣如此。辜将《四子书》译成西文，盛行欧西。又著《春秋大义述》译为西文，阐尊王之义。又以西文著《中国有望论》，说明中国文化非西人所及，将来各国必转而从中国礼教。各种著作每一出版，在西欧均风行一时。俄国大文豪家托尔斯泰读其书而善之，贻书致敬，洋洋二千言，极佩其识力超卓。某年（似在民国四五年）冬，辜居京，正值困窘，忽有丹麦公使转递一函，云："有丹麦富人遗嘱，以财产五千镑赠与中国著作家辜先生，款由北京使馆代付。"其为西人倾倒如此。

辜始终未去发辫，最反对男女自由恋爱，又尝谓中国纳妾之制可济生理之穷，又以阶级名分调和其间，故为至善。尝有西国女士诘问君，言："一夫可以多妻，则一妻不亦可以多夫乎？"辜笑曰："汝见一个茶壶可配几个茶杯，几曾见一个茶杯须配几个茶壶耶？"某女士语塞。

辜鸿铭肖像，佚名拍摄，1913年左右，资料照片。

湘绮老人得"西施"

湘绮老人（王壬秋）于前清同治二年作客广州，年三十有三。时任两广总督者为毛鸿宾，广东巡抚为郭筠仙（嵩焘），俱湘绮先生旧友。地方巨绅以大府上客咸致敬礼，以故宴请无虚日。

一日，某绅盛宴湘绮于自宅。宅旁有某氏废园，花石亭台，布置井井，颇饶逸致。酒阑，湘绮偕主人步行赴园游览，适见一垂髫女郎痴立亭侧若有所思。湘绮异之，就前问讯，谓："女郎何思之深耶？"

女曰："此园为依旧主人某氏园，儿时曾随母居此数年。今主人家中落，亭榭荒废。如此诏怅前尘，不禁感慨系之。"湘绮以此女为有深心者，因赠诗云："废苑荒苔落叶深，绝无人处独沉吟。聪明最喜思闲事，口损玲珑一寸心。"将书簏 [扇子] 与之主人。

固好事者审知，女为莫姓，家寒尚未字人，即怂恿湘绮纳之。湘绮携归，字曰："六云其体健能操作，事大妇尤能尽礼。"湘绮乐之，尝寄诗九江高伯足云："报君一事君应羡，新得西施能负薪。"盖咏莫姬之事。六云侍湘绮垂三十年，生三女，先湘绮二十年而卒。

民国"东方朔"

湖南湘绮老人王壬秋晚年玩世不恭，有"东方朔"之誉。民国初年，袁大总统（世凯）慕其名，聘为国史馆长，优礼专迎。

时老人居湘潭原籍，自乡启程抵长沙，湘督饬属迎于郊，备席饯行。老人堂皇入署，衣着怪诞服：对襟方袖马褂，马蹄袖开襟袍，红绳两股缀于便帽摇曳脑后。见者咸匿笑之，老人傲然不顾。

自湘至鄂途中，以仆姬周嬷随抵武汉，持其八寸长大红名刺谒鄂督段芝贵。段款以上宾之礼，周嬷亦列客席。以仆从得与督抚共宴一席，事诚鲜见而可笑。

旋北上入都，长国史馆三月，日优闲不事所事。嗣以经费支绌，心颇不怿。进言于袁拟迁国史馆于湘省，袁谢而未允。老人乃函嘱杨皙子（度）代掌国史馆印信，自携周嬷不辞而行。袁闻之亦无如何。其来去飘逸，独行傲世，殆实有东方朔之风概。

萨镇冰轶事

萨镇冰为海军界耆宿，在前清历任水师提督、海军大臣，鼎革后历任海军总司令、总长、代阁等要职。清廉淡泊，不争名利，素为外人所崇敬。

民国九年，卸职后回故里闽垣。闽省数遭政变，均出维持治安。民国十一年，粤军入闽，萨长闽政。民国十七年，国民革命军将克闽疆时，周荫人出逃，李生春归顺，省垣空虚。周部张毅率劲旅图据省垣，

萨镇冰肖像，佚名拍摄，1910 年左右，上海图书馆收藏。

被海军截击，窜入闽江下游，地方惨遭蹂躏。兵退后疮痍满目，萨向各处募捐，招亡劳存，乡人德之，为立生祠。民国二十二年，闽人民政府昙花一现，萨被胁参加。萨恐桑梓糜烂，虚与委蛇。迨开大会萨登台演说时，只言今天开会是不得已、不得已，数语而退。闽局底定，同人多谅之。

钦差和委员

前代由朝廷派往各省者，谓之"钦差"。由省府派往州县者，谓之"委员"。民国以来，"钦差"二字久废，"委员"名字却甚流行，而意义、职权崇高宽广。中央及各部院、省会皆有居首者，尊为"委座"。

三

老北京地理之变

北京贡院全景，托马斯·查尔德拍摄，1876 年左右。

北京贡院

北京贡院为清朝考试士子之地，其地址在东单牌楼东观音寺东口外迤北，春秋两试皆在此也。当秋试之先一日，即夏历八月初七日，主考、房官均须入闱。至初八日清晨，点名入场，士子鱼贯而入，试毕出场。每隔三日一试，三场试毕为十六日。

自庚子年拳乱议停科举，此处遂鞠为茂草。今则拆卸一空，半改民居，旧迹难寻矣。贡院大堂名"至公堂"，悬有至公堂匾额，其三字闻为明代严分宜[严嵩]所书。庚子乱时，法国人将匾携去。试时，至公堂中设监临座。监临乃试时管理外场者，每以顺天府尹任之。

贡院大门名为"龙门"，明清两代五百余年经此地而为状元、宰相者不知凡几，今则随潮流以俱逝矣。至举人会试，系在春季，谓之"春闱"，大致相同。

南　府

北京南长街之西艺文中学为南府，清初为吴驸马府第，后改升平署，演剧承差。自乾隆至同光间，梨园春梦阅百数十年。中华民国十八年始，由艺文当局呈准，拨为校址。士子弦诵，学府幽深，人已鲜知其昔日繁华之历史矣。

吴驸马者，吴三桂之子，康熙之时居府中，富贵罕匹。未几，而三桂叛在滇，自称"天下都招讨兵马大元帅"，拥有滇、黔、川、桂四省，僭号"周帝"。坐是累及全族，府遂籍没，驸马生活繁华事散。

其府改为升平署演剧之事，以总管为之首领，由所部太监演唱承差。乾隆南巡之后，伶人始得供奉，增有外学首领二人，与原有内学首领四人同隶于总管。至慈禧时，尤称极盛。今南府旧址，连分院统计十一层，信可称为"侯门似海"。十余年前，戏台犹存，嗣经艺文改建图书馆矣。

北京国立图书馆大门，佚名拍摄，1940 年左右。

京师图书馆之变迁

北京京师图书馆，由于南皮张文襄公（之洞）在清末推行新政时奏准设立。以什刹海广化寺为馆址，取南学典籍及内阁残卷为基础，更由两江总督采进南陵徐氏及归安姚氏藏书若干种，又采进甘肃煌[敦煌]石室唐人写经八千余卷，是为开馆之始，时宣统二年八月也。

学部复奏请拨文津阁四库全书移藏，未及实行而鼎革。民国建元，继续筹备。八月开馆，旋因此寺卑湿僻远，不便扩充。四年六月，以方家胡同成均["成均"为古之大学]旧舍为馆址，由学部咨内务部，移取文津阁四库全书来馆。六年一月，复开馆阅览。

十五年，更名为"国立京师图书馆"。十七年，又以中南海居仁堂为馆址。十八年，与北海图书馆合并组织。二十年，新馆建筑落成，馆址在文津街，为御马圈旧地及公府操场，共占地七十六亩余。楼阁轩敞，金碧辉煌，藏书宏富，景物清幽，洵研讨学术之佳胜处所也。

北京国立图书馆，佚名拍摄，1940 年左右。

早期的北京学校

北京中小学校，在历史最悠久者如汇文中学（现改称"市立九中"），为书院遭变而来。又梁家园某小学，为乾隆时义学，沿传至今，肇端均早于京师大学堂（后改北京大学）。

京师大学堂创于光绪廿四年戊戌维新时，而在光绪十一年，汇文学校之近代学校制度已极完备（当时该校原名"怀理书院"）。越三年，改名"汇文书院"。庚子年，拳匪仇洋，书院被焚。辛丑，重新建设。甲辰年，按学部章程，更名"北京汇文大学堂"。民国三年，改组大学。民国七年，另产生燕京大学。溯此书院，创于同治十年。最初规模极小，嗣由小学而书院而大学堂，更产生燕大，可谓为开京市学校之先河。

其梁家园某小学，始创于乾隆四十四年。时有僧人莲性者，募建寿佛寺（寺址即今外二区警察分局）。宛平绅士周之极于寺左设义学，筑校舍，于寺西广招失学儿童，免费教育。校门贴联云"为善最乐，读书便佳"二语，述明创办宗旨。自乾隆迄民国屡经变迁，而弦诵不辍，扫除文盲，奚啻数万。民国四年，改称"第十九小学"。历史悠久，已足一百五十年矣。

孔庙之历代匾额

北京至圣先师孔子庙，清朝每帝御书匾额一方悬于殿内，始自康熙二十二年。圣祖匾文曰："万世师表"。雍正五年，世宗匾文曰："生民未有"。乾隆二年，高宗匾文曰："与天地参"。嘉庆四年，仁宗文曰："圣集大成"。道光元年，宣宗文曰："圣协时中"。咸丰元年，文宗文曰："德齐帱载"。同治元年，穆宗文曰："圣神天纵"。光绪元年，德宗文曰："斯文在兹"。

孔子圣名之"丘"字，清制避讳，不许书用，惟祀天应用"圜丘"则不避也。

孔庙大成殿，佚名拍摄，1940年左右。

北京回回营

北京回回营，在西长安街之南（总统府对过地方），旁有一小楼及一石碑，矗立道左。

民国元年，陆建章将军大买该处房地，改建洋式楼房。因袁世凯大总统组织政治会议，陆遂以六万元售之政府作为议员接待所。后迭改为肃政厅及市政公所等。

公署其面积占回回营之大半，其小楼石碑则不知何时拆去。对面之总统府新华门，昔日名"望家楼"。至其故事，相传乾隆（清高宗年号）时，平定西域得美人曰"香妃"，倍极宠爱。但香妃终日郁郁，帝思有以媚之，乃于皇城外建筑回回营。一切房屋街市悉仿西域风景，并徙缠回人民居之。于皇城内建楼，下瞰回回营，名为"望家楼"，使香妃凭栏远眺，以慰其怀念故乡之心。

今时移事异，顿改旧观。再延多年，或将并其名而忘之矣。

太庙之正殿，佚名拍摄，1940 年左右。

衙署照壁之"贪"

清代外县衙署大门对面向有宽大照壁，其上所画巨兽似牛非牛，似狮非狮，厥名曰"贪"，乃取义于天上贪狼星者，盖以警戒贪官污吏。民国以来衙署改变，此种遗迹已不存在。

白家栅栏

北京崇文门内西城根白家栅栏，明朱纯臣（成国公）之宅在焉。崇祯甲申年（公历一六四四年）三月十八日暮，愍帝率亲军四百骑驰正阳门。门者疑内变，反炮将击之。帝震，返骑不得。上从白家胡同绕出，乃得。上见守备单弱，下幸朱纯臣第。纯臣燕饮他处，帝竟不得见。清庚子年后，将白家栅栏划入各国使馆界内。

新旧琉璃瓦

民国成立，北京外国医院或其他伟大建筑之工程，恒采用宫殿形式，或覆以黄绿琉璃之瓦，气象乔丽，颇壮观瞻。惟挽近之琉璃瓦虽与旧制者同，为东窑出品（京市砖瓦以烧自东郊诸窑者质料最精，价亦昂贵），但色泽工料均逊往时，徒具形式。一经雨淋日炙，非特原色走褪，甚易更有随时损裂之虞。视旧日建筑之历数百年而色泽微欠鲜明者，相去甚远。

旧日所筑宫殿之琉璃瓦如有损毁，配以火气未消之新者，则色泽新旧不同，使人触目分明。民国以来，太和、保和诸殿瓦有残缺，亦加修补，尤以檐前之圆寿头为最多。然其色泽能告一律而无参差异状者，盖仍以旧日所藏琉璃瓦为补缮之材料，而伪称悉仿旧式制作，以博倍蓰取偿之代价。因皇城拆卸之后，其护墙之琉璃瓦并未全部输运出京，凡宫殿修葺工事大抵取材于此。或有皇城未备之式样，则取诸北海佛殿以补其缺。倘再为佛殿所无，则仰给于景山后之寿皇殿矣。

北京使馆区的变迁

因庚子（清光绪二十六年）拳乱，与各国订立《辛丑条约》。根据第七款，各国划分使馆地区所括地域自崇文门内大街以西，至东长安街迤南，及正阳门内棋盘街以东。移让之始，因居民外迁房产给价应归清廷担负，问题交涉历时甚久，各衙署亦多划入界内。其中之堂子为清代重要祭所，亦划入意国使馆。清廷于此一地争持甚烈，后卒迁让，另建于东安门内东南角地方。使馆界内旧地名之存在者，仅有台基厂洪昌胡同（原名"红厂"）头条、二条，余皆杳不可寻。

旧日衙署多改为各国使馆。日使馆地区（原为）詹事府衙门，

北京的使馆街，佚名拍摄，1880 年左右。

建于明代。明洪武二十年，召四方名儒教太子诸王读。清虽沿其
旧名，而家法相承不立太子。皇子读书在南书房，故詹事府不过
留备词臣 [文学侍从之臣，如翰林之类] 迁转之阶耳。其官职体制，
以詹事总领府事，任满汉各一人。凡遇会议朝审 ["朝审"是明清
两代由朝廷派员复审死刑案件的一种制度] 诸大政，詹事偕九卿科
道参与。当此职者多兼翰林侍读学士，衔下设少詹事、左春坊、
左庶子、左中允、左赞善、右春坊、右庶子、右中允、右赞善，
职掌记注纂修之事。司经局、洗马掌经籍典制图书刊辑收藏，皆
满汉各一人。今在御河桥东侧之日使馆与正金银行，即詹事府之
原地址也。

　　俄使馆为庚子前兵部及工部之一部与太医院、钦天监地址。英国
使馆为和亲王府、达子馆 [清朝时蒙古人进京贸易所居之处]、翰

北京东安门大街，佚名拍摄，1940 年左右。

北京东便门，佚名拍摄，1940 年左右。

林院、銮驾库［为清代銮仪卫贮存皇太后仪驾、皇帝法驾卤簿之所］、鸿胪寺［官署名，掌朝会、宾客、吉凶仪礼之事］旧址，及兵部、工部之一部分地址。美国使馆为庶常馆［清官署名，隶内弘文院，为新进士深造之所］、会典馆。荷国使馆乃怡贤亲王祠。比国使馆乃徐桐故宅。又肃王府所在为意、日使馆各一部分地址。法国使馆为纯公府及太仆寺衙署一带地址。惟德国使馆则皆人民居地，并非衙署也。

东交民巷之追忆

北京东交民巷各国使馆（今定为内七警察分局区域）界内，旧日街巷名称多湮没不可考，其界外残留之交涉陈迹尚有足以令人追忆者。

一为自新华门以东直达北京饭店迤西之黄瓦长方孔花墙，此段花墙在庚子年以前原为皇城外墙。辛丑和议，扩张使馆地界，各国要求将此段墙完全拆除（英人要求最切，因其使馆北邻此墙），改设为铁栅栏，意在荡平邻近一切障碍物以资保卫。清廷以其有损外貌尊严力加拒绝，后将此段改为通孔花墙。

又辛丑十月，清廷代表与意、奥、法三国公使议定之，增改扩充北京各国使馆界之章程。布告文内第五款所谓"防守使馆必须四围有隙地"一段，因此又侵蚀邻近使馆之房地一大段。当时约定，四围隙地不得留有房屋，故使馆界北有空旷地一条，东自东单菜市，西至御河桥（内有东单头条胡同房屋悉被拆毁）。至今惟有郁郁葱葱之乔木点缀，路旁美景娱人游目也。

北京东交民巷，佚名拍摄，1940 年左右。

北京琉璃厂变迁

北京和平门外琉璃厂，昔时造内用琉璃瓦之所也。厂门楼名"瞻云阁"。厂内有官署，厂外余地颇广，树木茂密，有石桥渡桥，而西土阜高楼十仞，足供游眺。

街长里许，百货毕集，玩器书肆尤多。元旦至十五日，游者极盛，车马辐辏。自清代国初罢灯市，而岁首之游改集于厂甸，其地在琉璃厂之中。窑厂大门外曰"海王村"，琉璃厂书肆，为朝士退值与诸贾讲求时代板椠之处，如孤本、精本虽一二卷，而价有至数十金者，且争购之。或赏鉴字画，辨别古器、碑板、泉刀。

东有吕祖祠，香火颇盛。又火神庙中红货罗列，珠宝晶莹，豪富之辈，往来不绝。晚近则改建海王村公园，其原有之官署、广场、丛林、石桥、土阜已不存在矣。

汪家胡同改名之由

北京东四牌楼北大街汪家胡同，原名"十三条胡同"。易名之故，系因汪由敦赐第此。惟其第究在何处，已不可考矣。

汪公字师茗，号谨堂，原籍休宁，后为钱塘人，清代雍正进士，乾隆间官至吏部尚书。曝直（指在官府连任）内廷几三十年，金川用兵廷谕皆出其手。卒，赠太子太师，谥文端。有《松泉诗文集》，书法秀润。卒后，帝命词臣排次，其墨迹摹勒上石曰"时晴斋法帖"。时晴斋者，以藏松雪 [赵孟頫，字松雪，元代书画家] 书《快雪时晴》而名之也。

石大人胡同的变迁

北京东单牌楼迤北外交部街，原名"石大人胡同"，明代石亨之故宅在焉。亨被诛，宅没入官。嘉靖中，以赐仇鸾。及鸾败，复入官，因改为鼓铸公署。清代，改为宝源局。宣统年间，改建迎宾馆，为接待外宾之所。民国元年，临时政府成立，曾为总统府，后外交部由东堂子胡同迁此，巷名乃改称"外交部街"。

该地址之西半部，在清时为双忠祠，合祀驻藏大员傅清及拉布敦（二人皆为叛匪谋害），每岁春秋遣员致祭（二月十三日及八月初四日两次）。建迎宾馆时并入，碑亭及飨堂犹存在焉。

北京外城胡同变迁

相传北京外城建于明嘉靖时，至二十三年始略完成。嘉靖末年，日见繁盛。以正阳、崇文、宣武三门外为南城，宣武门外又分为宣南、宣北两坊。其宣北坊在新城广宁门里西北角，各巷名称有与清代不同者，如打狗巷、骗马张胡同、郑家园、玉虚观、惜薪司、孔砂锅胡同、煤营、砖营、竹林寺、真空寺都十余处，皆已无迹可寻。

敫家街（即敫家坑）以下，原有长营儿一、二、三、四、五、六条各胡同，以地位准之，盖即今棉花各胡同。闻明女将秦良玉（川人）驻兵四川营，令其女兵在附近纺棉线、制军衣，或于此时改长营为棉花软。其宣南坊在新城右安门内。宣武门外大街之南各巷名称，如大劫巷（即大吉巷）、包头张胡同（即包头章）、贾哥胡同（即贾家胡同）、米市口（即米市胡同）、绳匠胡同（即今丞相胡同）、烂面胡同（今改"烂缦"）、砖儿胡同（今名"西砖胡同"）、悯忠寺（即法源寺）等，大致沿袭如故。其他如杨布政街、史家胡同、季英、家桥、棺材、尚家胡同、益儿胡同、狗营、火焰营、上坡子等则皆无迹可寻矣。

隆福寺

北京隆福寺为明代景泰四年所建筑，寺内之大雄殿相传即明英宗所居之翔凤殿。清代光绪二十七年某月间，曾被焚毁一次，因而庙宇残缺。每月逢九逢十庙会，士女如云，熙来攘往，购买日用物品如山货、箕帚等等，间有摆设骨董摊者。洋人亦入庙游览，但不多耳。

法通寺

法通寺在北京鼓楼东北锣鼓巷内，乃元代顺帝至正初年建筑。明代成化丁酉，复建堂三楹曰"净丛"。弘治十二年，学士汪谐为之记。万历四十年，主事刘应诏撰碑。清代康熙四十四年重修，改名"净国"，有侍读学士查升撰碑。殿外额曰"净因"，殿内额曰"拈花正教"，皆圣祖御书。

净业寺

净业寺在北京德胜门之西净业湖北岸，乃元代智光寺故址。寺门临湖，去岸数尺许，寺遂名为"净业"。隔水南岸有太师圃晾马厂。此厂明代时每年夏六月十二日，锦衣卫遣官率御马至湖边浴之，与每年夏六日宣武西护城河中洗象相同。湖之南有镜园，为刘百世孝廉所建。又有莲花庵。东望之，有方从哲相国之方园；西望之，有米万钟太仆之漫园、苗君颖太守之湜园。

东岳庙

北京东岳庙在朝阳门外二里许，延祐 [元代中早期] 中建庙，以祀东岳天齐仁圣帝。

明正统中，改拓其宇。两庑设地狱七十二司，殿后设穿堂寝殿。神像为元正奉刘元手塑。寝殿设浴盆二，受水数十石，道士谓洗之可愈目疾。神龛悬大钱一枚，游人争以钱击之，谓中者宜子。殿前丰碑数十座，内有三碑均极名贵：一为天师神道碑（即道教碑），为赵文敏（孟頫）撰书，乃文敏书之最精者；二为仁寿宫碑，元虞文靖（集）所书隶文；三为昭德殿碑，赵士延所书，亦皆苍劲。

北京东岳庙，佚名拍摄，1940 年。

广济寺和善果寺

北京广济寺为金时西刘村寺，昔供旃檀佛，乃清康熙时王国弼以所藏名贵檀香倩良工刘拱北刻成。佛像迎入广济寺，康熙帝曾幸临，亲解御服之白悦悬于佛臂。民国十三年，寺遭回禄，经陆宗舆等集赀重修，为西城大丛林。

又善果寺往昔每岁六月六日晾经，称盛会焉。寺建于后梁，原名"唐安寺"。明朝天顺八年，宫中太监陶荣就原址重建，始赐额曰"善果寺"。至明孝宗时，太监姚训又加修葺。明代权阉多兴寺树碑，传之后世。善果寺既与明珰["珰"指宦官]有关，故寺西犹存有太监茔地，俗呼为"老公坟"。

白云观的传说

北京白云观建于唐开元中，名"天长观"，金时名"太极宫"。元时，观在城内。元城废圮，城垣东移，观遂在于城外。元世祖时，长春真人邱处机，字通密，奉召由栖霞原籍来京。真人以金皇统戊辰正月十九日诞生，俗谓为"燕九"。真人羽化观中，因改名曰"长春宫"。明正德间重修之，始改今名为"白云观"。

观内有老道士，自称年过百岁。养老院居观之西，百岁老人及老猪、鸡、鸭、鹅等胥聚于是，马场在其侧。五陵年少 [指京都富豪子弟] 颇有据鞍 [指跨着马鞍] 游此者。观之东有小灵山，以碎瓷砌成。观之外院有白石桥，桥下无水。又石室二东西对向，两老道服蓝布衫各居其一，不食不饮，闭目枯坐。前悬一钟，钟前设一布帏，帏前系一木钱，谓能以钱币击中木钱之方孔，可博一岁之吉利。老道藉此敛钱，在击者亦明知不易命中，而姑以此为娱戏也。

白云观外卖纪念品的小摊，佚名拍摄，1920 年左右。

白云观后土殿之名称由来

北京白云观之星神殿，名曰"后土殿"，然殿内既无所谓后土神之皇地祇，亦无《礼记注》之土官之神，只中供姜太公等封神榜之三清道祖，外四周罗列五行及甲子太岁星宿等，与殿名颇不相符。后有人细阅后土殿外碑文，始知此殿创自金章宗，为太后供本命干支星相之所。太后命支为卯，因此道家乃有顺星之举。

北海白塔

北京北海白塔山，金代名"琼花岛"，即万岁山，在大内西北，太液池之阳。元代中统（世统）三年修缮之。清代曰"白塔山"者，以顺治年间（顺治八年辛卯）建白塔于山顶，塔之地址，原为元代世祖至元二年勅置之广寒殿。

北海白塔，佚名拍摄，1940 年。

北京泡子河

北京泡子河在崇文门内东城角地方，乃元代所开通之河。清朝盛暑时期，泡子河为纳凉胜地。绿水生波，和风款款，杨柳排列，鸣蜩嘒嘒，茶棚林立，冷食俱备，士女如云，熙来攘往。岸上大庙一座，为吕公堂，内供吕洞宾之像，其庙中亦游人如蚁。较之后门什刹海、东便门二闸等纳凉佳境，有过之而无不及也。数十年来，河涸树残，庙亦颓废，日渐冷静，游者绝迹。

颐和园殿阁今昔对比

北京西郊万寿山颐和园，原名"好山园"。山曰"金山"，又曰"瓮山"。湖曰"西湖"，又曰"金河"。

清乾隆十五年，因祝孝圣皇太后万寿，更名"清漪园"，山曰"万寿"，

颐和园从东面望全景，佚名拍摄，1940年左右。

湖曰"昆明"。咸丰庚申年，园为英法所毁。孝钦皇太后于光绪十四年移用海军费重修之，改名"颐和园"。因有辽金元明清五代之历史，其园中殿阁名胜已非旧称。

颐和园门俗曰"东宫门"，又曰"大宫门"。仁寿殿旧为勤政殿，德和园旧为怡春堂，福荫轩旧为餐秀亭，介寿堂旧为慈福楼，排云殿为明代圆静寺，乾隆改建大报恩延寿寺，佛香阁旧为延寿寺塔，清华轩旧为延寿寺之罗汉堂，贵寿无极旧为澄辉阁，湖山真意原为清音山馆，四所旧为蕴古室，清晏舫原名石舫而无楼，景福阁旧为昙花阁，涵远堂原名墨妙斋，知春堂旧为载时堂，瞩新楼旧为就云楼，澄爽斋原名滤碧斋，饮绿亭原名水乐亭，涵虚堂旧为望蟾楼。其意迟云在、重翠亭、千峰彩翠、荟亭、益寿堂、如意庄、永寿斋、平安室、眺远斋等均孝钦所建，其余各处乃乾隆旧有者也。

北京香山之梦感泉

北京西郊香山静宜园中双清别墅有梦感泉一眼，水质甘洌，超胜他泉。金章宗时，以燕都之西山景物葱郁，实为灵秀钟毓之区，数数幸游，惟以缺乏佳饮为缺意事，乃祷天赐甘泉。夜梦指示，今双清别墅之西南隅处涌出一泉。及寤，命侍者往觅，果有泉汩汩出。汲而进于章宗品尝之，甘洌澄洁，大为赞悦，遂命名为"梦感泉"。

民国初年，熊秉三阁揆["阁揆"为民国时期行政院长的简称]创立香山慈幼院，卜居双清别墅。在此泉前方，掘地砌石甃成井式，以冀潴流整洁，且复便于汲其水。经协和医院化验，较玉泉山泉水之体量尤轻，且无一切杂质、各种菌类。

北京南苑

北京南苑之为禁御[禁苑周围的藩篱，指禁苑]，相传始自辽金。苑之东南入旧潞县境，潞县八景中之"晾鹰旧台"（在通州西南六十里）为辽金遗迹。元时于旧晾鹰台猎场向西北扩充，并建新晾鹰台，每一猎场为一"海子"。元时场内分五部，共包括海子五处。因其在大都正南，名之曰"南海子"。

明代永乐时北京建都后，大修南海子，建行宫，按二十四节气设花园二十四。栽花、植树、畜

北京玉泉山的亭子和泉水，佚名拍摄，1940年左右。

养鸟兽，并改元晾鹰台为大阅校场，盖南苑在明代乃猎而兼御囿行宫及操场者也。建设既多，地亦扩大，乃于四周建宫门筑围墙。其面积之广，俗称为一百六十里，乃宋元以后最大之园囿。南苑围墙名曰"海墙"，四周辟宫门九：正南曰"南红门"，北曰"大红门"，东曰"东红门"，西曰"西红门"，大红门偏东有小门曰"小红门"。其"红门"二字之来源，相传为"宫门"之讹。赛马会场即在大红门内之西南。

南苑建设最著者为行宫，分旧衙门行宫、新衙门行宫、团河行宫、南行宫、永慕寺行宫等。五处设苑丞、副苑丞、苑户、匠役、庙皂役、书吏等，此辈各给养赡地，自二顷八亩至二十八亩不等，其他地皆在

南苑内。次于行宫者为校场，场址在元代晾鹰台。明清两代每三年一举行之皇帝大阅兵，典礼皆在于此。又每年九月，八旗汉军在芦沟桥演炮后，内火器营满兵则演子母炮于晾鹰台。自清光绪朝开垦后，及民国之屡次驻兵，行宫拆毁，官庙拍卖，鸟兽绝迹，海墙已无一砖，只余一团河行宫尚在耳。

北京卢沟桥［旧作"芦沟桥"］，佚名拍摄，1940 年左右。

芦沟桥考略

芦沟桥为北京胜迹之一，在城西南三十里，跨芦沟河上。其河发源于太原天池，伏流至朔州马邑。从雷山阳涌为金龙池，迤逦东下，曰"桑干河"，雁门、云中诸水皆会之。

过怀来，行两山间至京师，沿石景山而下，始出山，行桥下。桥以东，地平土疏，震荡冲激，乃泛决，为民患。旧名"黑水河"，又曰"浑河"，清康熙时，赐名"永定河"。

昔日以河流浩瀚，未建桥梁。北宋张舜民使辽时，尚以车渡至。许亢宗《奉使行程录》始言近于两岸造浮桥。据《北盟汇编》记，宣和时金人将败盟，自南使过芦沟，即焚桥梁。而范石湖《过芦沟诗》

卢沟桥头之石碑，佚名拍摄，1940 年左右。

亦有"草草鱼梁秋水低"之句，知其时皆以木为之。迄于大定二十九年六月，始诏更造石桥。明昌三年三月，桥成，敕名"广利"，并造东西廊以便客旅。元代延佑四年，置巡检司。至正十四年，造过街塔。明正统九年三月，重修此桥，长二百余步，左右石栏刻狮子数百枚。弘治三年，又加修筑。

清代自康熙初元频有工役。七年，以桥圮重修，御制碑文建亭桥北。雍正十年，再修桥面。乾隆十七年，重修桥面及狮柱石栏。五十年，又修桥面，东西两陲加长石道，东西长六十六丈，南北宽二丈四尺，两栏宽二尺四寸，石栏一百四十。桥空十有一，第六空适当河之中流，高二丈四尺，宽四丈五尺。

桥南堤上有神祠，始于金大定中，名"河神庙"，封安平侯。至元中，封显应洪济公。明正统中，建龙神庙。清康熙三十七年，发帑重建，封永定河神。乾隆十六年，重新祠宇，加封安流广惠永定河神。三十八年，复加修缮。五十二年，又复修治，赐庙额曰"北惠济祠"。中有康熙乾隆御制碑文，及榜联诗什。其地本无城，桥北村落数百家，崇祯己巳，被兵焚掠略尽。村头墩堡，循河蜿蜒望去如堞（事见《帝京景物略》）。

　　旋有议者，谓芦沟桥畿辅咽喉，宜设兵防守，又须筑城以卫兵。于是当桥之北，规里许为斗城。局制虽小，而崇墉百雉，俨若雄关。城名"拱北"，南门曰"永昌"，北门曰"顺治"。创于崇祯丁丑，特设参将控制之（事见《破梦闲谈》）。至清代更名"拱极城"，复改永昌门曰"威严门"，屡事修葺。城内路东有观音庵，路西有兴隆寺，皆建于明代。此芦沟石桥及建祠筑城之大概也。

　　其桥横跨永定河，而筑如长虹卧波，神龙出水，雄观巨制，辉映山川，为近郊名胜。自宋元以后，如苏颍滨、范石湖、赵闲闲、袁清容诸人皆有题咏，盛传于世。

　　元代欧洲人马哥波罗《燕京游记》亦盛称此桥工制之伟丽，至今西人呼之为"马哥波罗桥"。记京师概胜者列"芦沟晓月"于八景之中，言月晦五更，他处不见月，惟于此桥见之也。

　　海通以前，以地当孔道，凡西南九省冠盖云集，商贾辇运咸缩谷于此，形势尤为剧要，蒲道源诗所谓"芦沟石桥天下雄，正当京师往来冲"者也。吴国伦诗云："宛宛青龙桥，颓波逝如驶。飘风忽西来，

北京卢沟桥及石狮，佚名拍摄，1940年左右。

北京长城，佚名拍摄，1940年左右。

黄沙蔽天起。不见郭生台，叹息张华里"，乃过芦沟而作，盖苍凉悲
壮之象，自昔已然矣。

　　桥之制作栏楯精丽最为有名。柱石刻狮，尽态极妍，形色生动。
虽数至累百，而取象各殊。世传数之辄隐其一，谓鲁公输班之神工所为。
燕人歇后语有"芦沟石狮"之言，意谓无数也。然考查《初白笔记》所载，
桥柱刻狮凡六百二十有七，则亦有数可稽矣。

　　桥头神祠故老[年高而见识多的人]，侈陈灵异。《帝京物略》言，
万历三十五年，大水滥发，居民数千奔桥上，见水头迎桥，高且逾丈，
人方号惧。近桥，忽水光洞开，恍见神人抑水，令伏就桥孔中，帖然去。
此虽齐东野语，亦见人畏水患之深矣。至城门题额，亦传为谶语。
盖城筑于崇祯，南门曰"永昌"，为李自成僭位纪元之号，北曰"顺
治"，为清世祖入关纪元之号。虽文字偶然巧合，亦真足异矣。上
录藏园老人《芦沟桥考略》。

门头沟之得名

　　京西香山门头村之得名，因其地有礼王园寝，门有二狮，上刻"永镇门头"四字，故名。园本吴三桂家茔，吴败没入官，赐礼王。正中为代善坟。代善者，清太祖次子太宗之兄也。

万里长城考证

　　民国六年，谷九峰游居庸关八达岭，登长城而为诗曰："太行东走入云垠，绝塞长城草不春。从此胡儿休牧马，论功应颂虎狼秦"。盖认定万里长城为秦始皇帝作所。秦始皇筑长城一事，在通俗已无甚疑问，然自民国三年有白眉初亲历阴山，揭出现代长城非秦之旧迹，而为明代之边墙。

　　民国二十年，《西北丛刊》汪公量根据明魏焕《九边考》确证，边墙防守皆为明代所置。民国十五年，梁任公 [梁启超，号任公] 据史学所研究法则，从工程建筑上认定，现代砖筑长城绝不能在汉唐以前，盖秦代普通工事多为泥土版筑也。

商务馆复刊有《万里长城考》一册，推证秦前已有长城，归结谓现在长城开始筑于徐达，而完成于翁万达（明太师，广东人，嘉靖进士），约历一百七十年。万达总督大同、宣化等处军务，上疏请款修筑边墙，于大同东路天城阳和开山口诸处为墙，六十四里，工成逾岁。复修大同西路、宣府东路边墙，凡八百里寇乃不得轻犯，墙内戍者并可乘暇耕牧。万达所筑内边墙，即今地图内之长城。此城在今诚无防守价值，但在明代未曾发明航空炸弹之时，实足以阻北寇之轮蹄也。

解说老北京

四

老北京风俗

老北京城楼和城墙，托马斯·查尔德拍摄，1886年。

清代春节风俗

清代北京正月俗例事项如下：

初一日，百官入朝庆贺，民间亦焚香、备供、燃爆竹、祀天地、祭祖考、拜尊长及戚友，投剌往来，曰"拜年"。

初二日，祀财神。广安门外之财神庙，士女云集，香火最盛。

初三日，旃檀寺打鬼。

初五日，俗称"破五"。过破五，始准各家妇女往来拜年。盖自初五以前，各家禁止妇女入门，俗称"忌门"。

初七，号称"人日"，谓与人口之兴衰有关。

初八，夜以油灯百八盏祭星，俗称"顺星"。

十三日，黄寺打鬼。

十五，为上元节，又名"灯节"，各家皆食元宵。其制法：以糯米细面包馅洒水，用簸箩摇之成圆形，如核桃大，即江南汤团之类，馅用山楂、桂花、白糖、澄沙、枣泥、核桃仁为之。是夜，金吾弛禁，

114

各户悬灯，争妍斗胜，市廛之中光彩尤为灿烂。勋贵内眷登楼玩赏，皆不避人。民间击太平鼓，跳百索。妇女结伴游行过津梁，俗称"走百病"。

十九日，曰"燕九"。白云观中游人较每日倍蓰，俗称"会神仙"（谓是日往者可遇神仙）。

二十五日，大啖饼饵，俗称"填仓"。

立春节之前一日，向由官府于东郊行迎春礼，次晨具小芒神鞭打土牛，仿古昔送寒气之意，俗称"打春"。是日，各家烙薄饼、炒和菜食之，名曰"春饼"。民国成立，迎春之礼停止。

北京的迎春盛典

清代于立春节在北京东直门外春牛坊举行迎春盛典。立春前一日，先由顺天府尹率大兴、宛平两县官主持其事，于春牛坊筑席棚三所。

正棚起脊，凡三间，内设公座。中央置三桌，东西各置二桌，共三座。陈各色果品数事，俾官吏茇止后起坐。

正棚东西别设二小棚，东棚置芒神，神着袍褂及履，皆黑色，系黄带，持五色线幡。或谓芒神执幡，即后汉树青幡遗意。神像前置香案，以猪头、三牲、鲤鱼为供品。西为敞棚，内设席扎，春牛白首黑身，红角红膝，其尾亦红色。芒神衣着及牛色随牛而异。

迎春日，顺天府尹主祭，率领僚属诣芒神案前，拈香行一跪三叩。礼毕，退入棚次小憩。而后请芒神并春牛，由舆夫肩舁，以执事前导，皂隶喝道而行，府尹以次入舆殿，后共入东直门至顺天府尹衙署。其棚内果点，则于府尹等离座之俄顷为随役一捋而空，名曰"抢宴"。

老北京春节期间看西洋景，佚名拍摄，1940 年左右。

正月"填仓"

　　北京俗例正月二十五日，粮商米贩致祭仓神。祭毕，大众恣餐。住户是日虽不祀神，亦必设备佳肴美馔以供醉饱，谓为"填仓"。又储米各仓，亦告祭廒神，典礼隆重。又是日，闺阁妇女停止针黹，恐伤仓神之目。此皆昔日俗例，近商民此举已少。

老北京的灯节

　　清代国初，以正月十三日至十七日凡五日为灯节。内廷设筵宴，放烟火。市肆各张花灯，以东西牌楼及地安门为最盛，工部次之，兵部又次之。若东安门、新街口、西四牌楼等处，亦稍有可观。各色灯多以纱縠、玻璃及明角等为之，并绘古今故事以资玩赏。市人之巧者，又复结冰上植麦苗以为人物点缀，灯景殊美观也。

又闻清代北京旧俗，上元（正月十五）夜以泥涂为判像，尽空其窍，燃火其中，光芒四射，谓之火判。判高六尺许。每居灯节，自十三至十七凡五昼夜间，于判内置煤火，其烟可由判之七孔，如鼻、眼、耳、嘴等处发生氤氲气象，妇女儿童皆争先恐后前往观看。虽冷清之庙宇而届此上元之期，辄呈繁华状态。曩昔地安门外、西皇城根、宛平县城隍庙内有此。

北京灯市

北京灯扇铺于中秋以后至次年二三月，出售各种宫灯及人物形纱灯。宫灯为北京著名艺术产品，物料之精良虽不及清内务府之内用宫灯，而手工坚固则推铺中制者为最。北京宫灯有数百年之历史，最盛时期为明代之灯市，今灯市口即其故址。

雍和宫习俗

北京北新桥北大街雍和宫，向例于旧历正月二十四日起至二月初一日，唪经八日为人民禳除灾难，并于三十日"演鬼"，二月初跳"步札克"（俗呼"打鬼"），送"索罗巴苓"（俗呼"送祟"），又有"转寺"之举。

"打鬼"习俗

清代北京之喇嘛庙，在新正有跳布扎典者（"跳布扎"俗称"打鬼"）。打鬼本西域佛法，非有怪异之言，或曰即古者九门观傩之遗风，亦所以禳除不祥之意。每届打鬼之日，以喇嘛分饰"黑骷髅"、"白骷髅"、"螺神"、"天王"、"救度佛母"、"弥勒"、"护法金刚"、"星神"、"蝶神"等诸天神将，头戴面具，身穿彩衣，于法器声中作跳跃姿态转庙一匝。

清时打鬼之喇嘛庙计有三处：一为黄寺，在安定门外，打鬼日期

北京前门三头桥，山本赞七郎拍摄，1901 年左右。

雍和宫法轮殿，佚名拍摄，1940 年左右。

雍和宫打鬼日戴面具的司经之神，佚名拍摄，1910 年左右。

为正月十三日至十五日三天。二为黑寺，在德胜门外西北，打鬼日朝为正月二十三日一天。三为雍和宫，在北新桥北，打鬼日期为正月末及二月一两日。正月末为演鬼，在午前；二月一为打鬼，在清晨。

迄今黄黑二寺坍塌倒坏，打鬼之举已无之矣，仅雍和宫一处届期仍有（民国成立以来亦赓续举行）。是日观者云集，有万家空巷之风。

老北京"吃犒劳"

清代夏历六月六日吃犒劳，为北京特有之俗例，分大库、旗营、四行三项。宫内大库抖晾冠袍、盔甲、皮货、软片、旗纛、幄帐、御容、书画及升平署之砌末、戏衣、绣片等，名曰"大库抖晾"。八旗各营抖晾幄帐、旗帜、盔甲、撒袋等，名曰"旗营抖晾"。估衣铺、皮货店、杠房、喜轿铺等四行，则于一早或傍晚抖晾衣服、皮张、绣片、仪仗、绣件及轿围等，名曰"四行抖晾"。

大库抖晾时，例应由主管备白煮猪肉一顿，名曰"吃犒劳"。光绪中叶以后，大库之犒劳改给银钱，官员车资当十钱六吊，合铜元六十枚，夫役四吊。各旗营原亦有白肉犒劳，自光绪后改为夫役各给钱二吊，官员则为义务差也。其四行抖晾、犒劳在民国廿六年前尚有，举行者后以肉贵遂取消矣。

北京"吃包"风俗

"吃包"为清代满人节约纪念之食品，其日期则宫廷为八月二十六，民间则自秋节大白菜上市后即可食之。此种纪念食品乃清太祖在战争正酣之时，于八月二十六日绝粮，自帝以下均以树皮裹树叶充饥。未几，大胜。因纪念君臣同此艰苦，使后世子孙不忘创业之难，始有"吃包"之遗传。

"吃包"之制法，乃用大白菜叶包裹米饭及各种素菜，如炒豆腐、

121

老北京前门牌楼，佚名拍摄，1940 年左右。

炒白菜、豆腐丝之类，不准用肉。先将蒜酱抹白菜叶上，再用素菜将
饭拌匀置叶上，包而食之。不只味美，且医积热。盖以白菜叶代表树皮，
素菜代表树叶，米饭代表砂粒，蒜酱则泥土也。

贴秋膘

北京旧俗，每届立秋必阖家大吃一顿，虽贫寒者亦然。多食猪油、
虾米皮、韭菜馅饺子或荤油炸酱面，名曰"贴秋膘"。盖因入伏每日素食
不免消瘦，立秋则无大热，乃藉此贴补损失。清宫御膳房亦有贴秋膘之例。

老北京吃鲜儿

北京人对于食品以鲜为贵（俗谓"吃鲜儿"），为阔家摆谱儿之一。
菜蔬果品固贵新鲜，而粮米亦以鲜者杂于鸡鸭鱼肉之中，如豌豆、扁豆、

北京鼓楼大街，佚名拍摄，1940年。

玉米等皆可制为佳肴。玉米初结子时，当在夏历五月，故玉米之嫩者，名曰"五月鲜"。而在四月下旬，则玉米粒中之浆汁初凝，香嫩而甜，名曰"珍珠笋"。以雏鸡脯蘸鸡蛋清烩珍珠笋，名曰"鸡茸玉米"。

烤肉宛

北京宣武门内卖烤肉之老五宛姓，因行五故，以"老五"呼之。业烤牛肉初为推车小贩，数十年经营始有此小饭铺两间，而能名著九城。

老五身短而肥，立小案旁，手执牛刀，长年赤膊，虽严冬不过着

北京的穆斯林肉铺，1871—1872 年，约翰·汤姆逊拍摄，英国维尔康图书馆收藏。

一短衫，因体肥傍火，固不知冷也。五善相牛，其生前为草牛、耕牛、乳牛及其肉之何处嫩、何处香，无不触目便知，日销售肉二百斤。

每至夕阳西下往者拥挤，稍迟即抱向隅。屋小人多，喧嚣之声达于户外。此曰："老五，再来一斤肥者。"彼曰："老五，补给半斤瘦者。"五则应之以口，运之以手。同时，食毕之客催促计值，五必脱口而出，用其半唱半说之声调谓肉几斤值若干，酒几两值若干，或蒜数头，或饼数张等等，一气呵成，毫厘不爽，而两手挥刀不少停辍，神乎技矣。

北京街头的皮匠，佚名拍摄，1940 年左右。

北京的老行当

北京一般商业及小工业所用之唤头器具，各有悠久之历史。如羊肉及猪肉铺，在久居北京五十岁上下之人，尚称之为"羊肉床子"、"猪肉杠"。盖售羊肉者以短腿床为柜台，售猪肉者必竖一檐架之肉杠。当初原为街头临时买卖，售毕各归宿处，久之与官厅通融，始允以床杠寄放其后。渐至冬令，搭棚安窗成为铺面矣。又磨刀者之用铁片连成一串为唤具，或用喇叭。问其所以，均各茫然。其实用铁片者带修甲，用喇叭者带修军乐耳。相沿日久竟名实之不知，真可谓数典忘祖矣。

北京民间的慈善组织

北京昔时社会间组织有"窝窝头会"，食料以玉蜀黍制成，窝帽形。此会纯为救济贫民，捐款不足则演义务戏补之。不仅赈饥，兼筹御寒，宗旨至善。

又有"带子会"，入会者率为平民。或自顾衰老，或家有老亲，则纳资入会。遇有死亡报告会中，须臾会员毕集，葬殓之事赖众资助可解。临时经济紧迫，集吊时人各系白带（俗名"孝带子"）一条，故名。

又有"恤儒会"，对于贫不举火之寒士，每月给钱若干。若高堂健在，加予肉资，或棉或米，量予施助。其捐资较丰者，或购地建屋，集穷儒而久居之。

又有"布衣会"，清末京津间山东人所发起。盖鉴于麻醉品与消耗品入口之多，漏卮之巨，而欲以流通土货抵制之。凡入会者饮食服用，胥皆地道国产。发起人多名流，率着土布大衫，故名此会。虽生命不久，然提倡节俭实务本之要图。

又有所谓"寿缘会"者，会址、会章均报官府立案，其法以千人为一组。每月如有会员死亡，其他会员各纳银数角，丧家即可获数百元之赙金。凡纳赙金并附纳数分作会中办事用费。此种组织纳费无多，而受益者实非浅鲜，但恐办理不善有弊发生耳。

老北京出殡，佚名拍摄，1940 年左右。

老北京结婚之花轿，佚名拍摄，1940 年左右。

老北京婚俗

北省旧俗，婚娶之礼，新妇下轿进门不令履地，必以红毡多幅铺之于地，前后互相倒换，扶新妇行于其上（俗称"倒毡"）。又新妇下轿时须怀抱宝瓶，并设一马鞍于前，扶新妇举步由鞍上迈过，盖"瓶"、"鞍"二字音似"平"、"安"，取其平安之意。又女家送妆奁须有铜盆，盆内放缎鞋一双，盖"铜"、"鞋"二字，音似"同"、"偕"，取同偕到老之意。

京城出嫁习俗

清代京市民间嫁女，其妆奁以抬计，招之数目必为双，如十六抬、二十四抬以至一百二十抬是也。向用红漆长方桌，其上安设彩绘玻璃，栏杆四周垂绣片，左右空。二朱杠贯红绳，每抬以二人舁之。虽公主下嫁，或皇子及王贝勒娶福晋，其妆奁亦均如此。

惟皇帝大婚时之皇后妆奁则以亭计，名曰"呈进妆亭"。光绪十四年十一月初二日，德宗大婚举行纳采礼。十二月初四日，行大征礼。十五年正月二十四辰初，皇后妆奁黄亭一百座自东华协和后左等门入乾清门。二十五日，又有妆奁黄亭一百座入宫。前后共妆亭二百座。珍瑾二嫔之妆奁，则于二十五日自神武门入宫。二十六日，珍瑾二嫔入宫。二十七日子刻，奉迎皇后寅刻入宫。盖称妆奁曰"亭"而以座计者，乃帝室专用名词也。

购纳姬妾之风险

燕赵佳丽自昔著称，宦于北京者购纳姬妾但图颜色殊丽，不问出身若何。昔毛西河所娶姬人曰"曼殊"，即为丰台卖花翁女。都人多数狡狯成性，每以妇女为钓饵，惯作戳包儿、孥殃儿之伎俩。

戳包儿者，初看之人如西施、王嫱，及入门则无盐、嫫母矣。孥殃儿者，虽有金屋难以深藏，盖信宿即逸，人财两空，俗所谓"卷逃者"是也。或有不惜重资选取娇艳，防以家规，谨严断其亲属来往。自谓可保无虞，殊不知门前小贩或即为女之亲故，藉买针线便可会面。夜间暗号一举，有人接去，杳如黄鹤，俗所谓"放鹰者"是也。

北京的"黑车"

曩昔北京有所谓"坐黑车"者，老于北京之人辄能历历谈其事，并能介绍好奇者一历其境，诡幻离奇，实社会所罕闻也。

盖有一固定某某地方，为"黑车"停驻之所。"黑车"者夜行不燃灯火，并严密遮蔽车窗，不使乘客知其所经之途径，故谓之"黑"。其地方之附近有某某茶肆，欲乘此车者但往饮茶，并须预学一定之隐语与茶博士言之，茶博士即以隐语为之招一车至。不议车价，来客亦不必与车夫交一言，竟行上车。车夫即为之送至一宅，挽客下车。车夫又以隐语告宅内之人，匆匆而去。便有侍婢持灯，引客入一所似巨家之绣闼也者。凡所身历无殊刘阮之入天台也。次晨，车夫呼门，复匆匆送至原处，亦不索车值也（较暗娼秘密）。

北京东富西贵之来由

胜清入关，定鼎燕京，划内城为八旗人住地。汉人大员有赐第者，准居内城，其他不得杂居。于是汉人之业工商者，多在正阳门外迤东至崇文门外。而宣武门外一带则为汉籍京官集居之地，一时有东富西贵之谣。

光绪初年，高阳李相国（鸿藻）、吴县潘尚书（祖荫）俱住米市胡同，为一时胜流所归往，如黄体芳、陈宝琛、张佩纶、何金寿、吴观礼等，咸恃高阳为奥援，劾章屡上，朝贵侧目。其研经、治训诂及考究金石书画者，咸以潘宅为走集之所。又若松筠庵、法源寺、陶然亭等处，

清代皇帝大婚时迎亲队伍，木刻版画，1872 年。

老北京的歌女，佚名拍摄，1900 年左右。

老北京骡车,佚名拍摄,1940 年左右。

亦为结合谈谈之地。其集饮之酒肆，则有南半截胡同广和居、米市胡同便宜坊、教场口之义胜居，皆以此著名。

元代马禁

元代蒙人以马上得天下，故重马政而严马禁，犯之者罪多至死。马之管理以烙印别官私。非有其位或有其事者，无乘马之身分。兵之外，以官之品级定有马之多寡。民之有马，则随时刷取或和买。刷取者，即无代价之征收也。其后以刷取之制病民过甚，以致民间马被刷尽，而无可刷取。遂改和买，然和买不及，仍刷取之。此为有元一代之大弊政焉。

清代的"斗虫儿"与"叫虫儿"

北京旧俗称夏历七月为"虫季儿"，乃指蟋蟀（即蛐蛐）、油葫芦、金钟儿等秋虫言之。豢养秋虫之以赌玩者，曰"斗虫儿"。以声玩者，曰"叫虫儿"。蟋蟀，则斗虫而兼叫虫。

清代之蛐蛐棚子即为斗蟋蟀之赌局，其中胜负绝大，负者往往倾家荡产，故清律中以私设蛐蛐棚悬为厉禁。然咸丰、同治以后，各府邸及其他各处以之为赌者风起云涌，律已无效。惟玩叫虫则清雅之事，如金钟儿置于水晶鱼缸或瓷瓶，内陈置屏几间，幽扬长鸣，锵然动听。夜间于花香四溢之中秋月明辉之下，杂以蟋蟀等一唱三叹，尤为助人诗兴不浅。

北京城上的信炮

清代北京信炮之设，为保护京城军事上重要制度。北海白塔及九门之上，各设信炮五、旗杆五。白塔上者属于大内，掌在护军。九门上者属于步军统领。大内备有金牌一面，上有"奉旨放炮"四字。一旦有警，由员弁赍牌驰报，经白塔驻员验明之后，即刻施放，各门应之。

北海之白塔，佚名拍摄，1940 年左右。

若事急，不及传报，但知贼在某方，某门亦得先放，他处应之。旗杆上昼悬黄旗，夜悬灯笼。护城各军闻炮声后，各就讯地以为之备。

清代的印信

清代实缺官员所用印信有两类：一为四方之印，如京之各部院，外省之藩、臬、府、县等所用者是也；一为长方之关防，如外省之总督、巡抚、各兵备道等所用者是也。除总督、巡抚之关防系用紫色印泥外，其他印与关防概用正红色印泥。

门额的"门"不带勾之由来

北京各城门门额，其"门"字右竖下皆无勾。"门"字无勾之由来起于宋代。相传宋都临安玉牒殿灾延及殿门，宰相以"门"字有勾脚带火笔，故招火厄，遂撤额投火中，乃熄。

因火灾而忌讳"门"字有勾，此风至明代亦然。洪武都南京，门额皆詹孟举所书，咸不带勾。又今之中华门，清代为大清门，即明代之大明门，明时朱孔易书大明门额，"门"字亦无勾也。

镇狮之传说

北京宫殿、府邸皆以石狮子二分左右，立于门外。相传左者曰"牴"，右者曰"牾"，张吻努目，具有灵威状态。左为雄，其前右爪下按有圆球；右为雌，其前左爪下按有小狮。或谓以其秉性忠直，故使镇守禁地。驻京各国亦隆重视之，莫不仿效，于所驻东交民巷使馆门外树立双狮，以壮观瞻。

团城轶事

北京北海之团城矗立于禁城之内，原名为"逍遥城"，明代汉王

大清门，山本赞七郎拍摄，1900 年左右。

颐和园排云殿前之铜狮，佚名拍摄，1940 年左右。

高煦曾拘于此。一日，仁宗往视，并温言令其改悔，不意高煦突伸一足勾帝，使仆内侍等急扶起。帝大怒，命取大瓮覆高煦于内，周围以炭发火燃之，须臾枯毙。不知此城建于何代，袁世凯任大总统时，曾设政治会议秘书厅于此。

"官司"的没落

明代中叶以后官司多名实不符，各有俚语以寓讥评，如在京兵部四司曰："武选武选，多恩多怨。职方职方，最穷最忙。车驾车驾，不上不下。武库武库，又闲又富"。又，"翰林院文章，光禄寺茶汤，太医院药方，神乐观祈禳，武库司刀枪，营缮司作场，养济院衣粮，教坊司婆娘，都察院宪纲，国子监学堂"。亦同时京师所谓"十可笑"之谚语，盖讥其徒有虚名，毫无实际也。

北京的"吃瓦片"

北京名有房产之家曰"吃瓦片"，以其富有房产指租赁为生活，亦谐谑之词耳。

嗣以迁入京城者日多，以致户无隙地，租资十倍于前。殆吃瓦片者极盛之时代民国十七年以前，政府未迁，各机关因连年欠薪，致有"灾官"之名。当时内务部异想天开，竟将东安门南北一带皇城拆售两万余元，作为部员发薪之用，遂有内务部"吃砖头"之笑谈。

民国十年前后，连年内争，借款均为军阀索去，财政部莫敢谁何。此时大军阀之财产动辄称数千万多，于各埠租界内购地皮，建洋楼，窖镪金，以为子孙万世之基业。孰意后来取消租界，没收财产。聚敛虽多，终归乌有，可谓"天道好还"，"货悖而入者，亦悖而出"矣。

北京的课税及逃税

清代北京九门皆有税课，而统由崇文门监督（钦派亲贵为之），专管征收。税署设于崇文门外，皇帝所食银鱼、黄花鱼，皆由监督随时进呈。税额原定每岁九万余金，嗣虽加至十万余金，然中饱私囊之数何止倍蓰。

北京崇文门外，佚名拍摄，1940 年左右。

又闻各门课钱俱有小内侍（奄寺之党）经管收纳。凡男子囊襆骑驴入城，例须有课。轮车则计囊襆多寡以为算榷。至菜蔬入城，乡民亦须于鬓边插钱二文（制钱及当十钱皆有方孔），由小内侍径行摘取，彼此不须言语，甚可笑也。

《燕都杂咏》有诗云："税榷九门全，权归奄寺专。村氓挑负至，任取鬓边钱。"即系咏此。按：鬓边钱虽属微事，而昔日奄寺公然作弊，其专横跋扈之状态于此可见一斑。惟乡、会试之士子乘车入城，车旁插有小旗一面，上书"奉旨乡试"或"会试"字样，则不敢稽查勒令纳税，而士子暗中携带贵重货物藉此免税者说，恒有之。

满洲妇女冠饰礼制

清代满洲妇女首饰每年必随衣饰换季。

立冬戴江獭皮帽，冬至换染貂帽（貂帽限于贵族），惊蛰后春分前换绒帽。均形似红缨帽，惟沿高齐顶。帽胎以红色或紫、蓝、青等色之缎为之，缀以采绣或平金垂云，不用红缨。上戴大红线结顶（其蓝、青缎胎有用蓝、青线结顶者，则为素服装饰），脑后垂缎采绣飘带。春分后清明前换两把头，额际围镶绣帽条以防风，谷雨以后则撤帽条。

以上自立冬至谷雨之装饰，簪镯首饰均金制或银制。届立夏虽仍两把头，而首饰则青年妇女为翡翠，四五旬以上则白玉。寒露后又换金银饰，秋分后加帽条，霜降始换绒帽，立冬则皮帽出。自惊蛰至立冬，共换季八次，其命妇之皮朝冠、绒朝冠、纱朝冠等则不在内。若夏季戴金银，冬季戴用翠玉，则必惹人窃笑，谓为怯货焉。

汉装命妇之头饰

清代汉装之命妇头饰有所谓"小花翎"者，长只二三寸许，翎管细如笔管，亦分翠玉及喜花（白玉翎管上缀红琥珀双喜字，为宫内大

满族女子，佚名拍摄，1900 年左右。

清代汉族家庭合影，佚名拍摄，1880 年左右。

婚及公主下嫁时戴者），诸种惟无铜管（军功戴者，俗曰"铁线翎"）者。耳盖在圆头之围花中央（即顶簪多为点翠者），有小花下垂，翎管即压花下，金碧颤耀，颇觉庄丽美观。惟妇女戴此必本夫有花翎而又尝进宫随侍者方可。夫为蓝翎，妻亦蓝翎。夫为单眼翎，妻亦单眼翎。双眼、三眼亦如之此。与妇人之花衣、补褂、朝珠等同一制度也，相传此制始自高宗（乾隆）。

命妇梳苏州髻，亦戴之。嗣因清制革职而褫翎顶者，曰"摘顶拔翎"。军前获罪就地正法者，则曰"撅翎"。京师俗呼苏州髻曰"苏州撅"。同光后，一般人忌"撅"字之音，故本夫一获赏翎，夫人即改圆头，以便戴翎而避"撅"字之音。惟广州许清泉（德普）以驻防内任副都统，穆宗（同治）大婚，其夫人进内，蒙两宫皇太后赏小花翎，而清泉则脑后固无翎枝，盖特殊荣遇也。

清代"跑热车"

清代每值盛暑，一般贵介公子或浮浪子弟多喜跑飞车，又名"跑热车"。其意不在乘风取乐，乃藉机夸势较胜也。

彼时仅有骡车或马车，装饰华丽，辔驾骏驹，且驰且策，怒马腾骧。行人猝不及避，有触仆或立毙者。车上之人自倚权势不屑一顾，行人侧目无如之何。

更有于骡车四面玻窗增置前后左右为十三方者，名曰"十三太保"，跨于车辕与人争先驰骋，扬扬得意。跑车之地多在天桥，因其空旷，不似今之摊肆丛聚，或于长安街及宣武门外，仲夏尤以南顶为盛。

补领文凭

清光绪季年，有某令选缺出京，中途失文凭，折而复回，求其座师吏部尚书某设法补领，竟遭拒绝。某令又商于部吏某，翌日竟得补给。

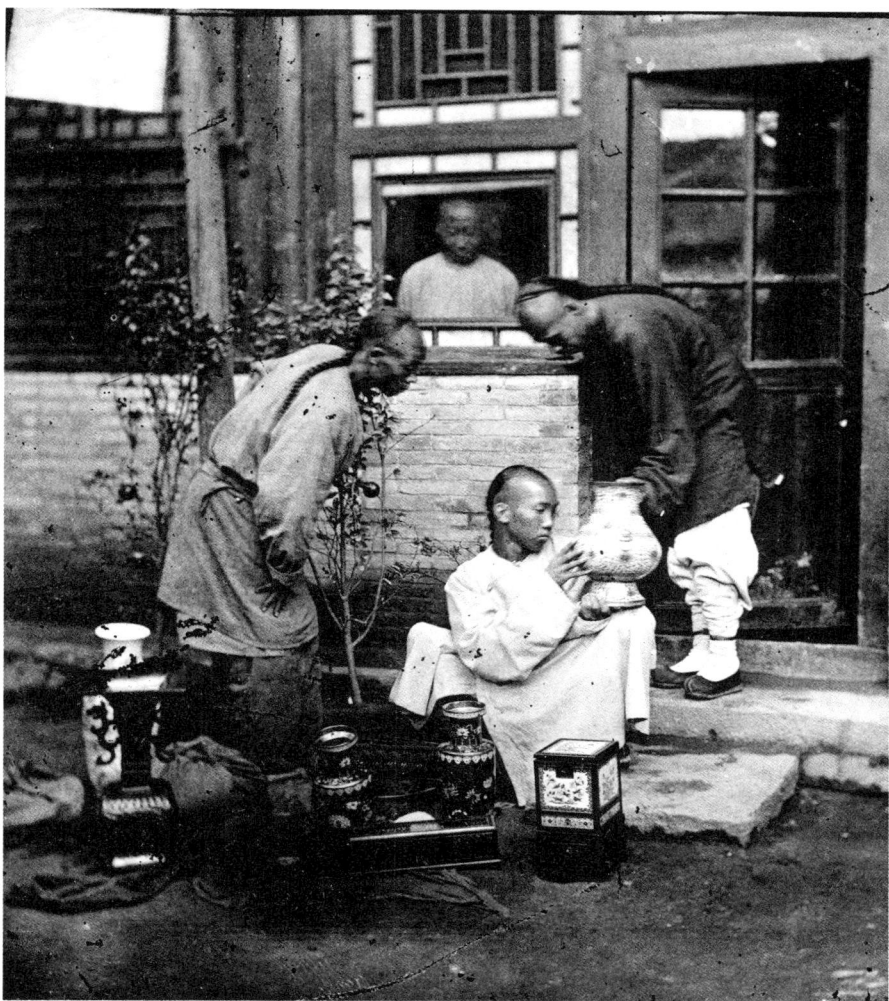

北京卖瓷器的小贩，约翰·汤姆逊拍摄，1871年左右，英国维尔康图书馆收藏。

喜询其故，部吏云："康熙某年，某官出京，因在前门外西河沿翻车，遗失文凭，部议核准补给。嗣后皆援以为例，然必须声明在西河沿翻车之故事。援例为之，否则恐被驳斥。"

康熙三彩造假

尝闻谈清代康熙瓷者，其贵不在三彩、五彩，而在是否为真正官窑精品。康熙墨地三彩，大多数收藏者莫不知之，且视为难得之品。若瓶类高至一尺七分寸，洋商动辄以二三万元收之。以故谈瓷者动辄曰墨地素三彩，不知此外尚有黄地、绿地、茄皮、紫地之三彩也。

善看康熙彩者，如白地五彩花上有黑彩少许，即看其黑彩之上是否罩有一层亮釉。如有，便为真品。至有所谓"后上彩"者，江西瓷工詹某，能将素地之旧瓷器仿旧式上以三彩、五彩，冒充真品售出。其人曾至北京偶作一二件即立致万金，可称绝技。

杨度的"凶宅"

杨晳子（度），在清季以四品京堂参与筹备宪政，言论丰采为时辈所重。迨袁项城谋帝制，杨与六君子组织委员会，攀龙附凤，煊赫一时。购私邸于西安门。自负拥戴之功将来必居五等之列，故于西安门购某巨宅为私邸，大事修缮。

未几，袁之帝制失败，杨乃售其宅。嗣展转为梁众异（鸿志）购得，复加经营。乃移居未久，五四风潮暴发，梁宅为学生所捣，梁走津得免。或谓此宅本凶，入居者多不利。

清代凌迟

清代刑法于大逆罪犯判处凌迟。普通之行刑法大抵为六块头：即断两手，刖两足，斩一头，复截身，而为六块之谓。执行此刑，有时不待部复可权变处死，名曰"请王命"。所谓"王命"，一圆木如镜，左写满文，右一金字，悬诸有枪头之杆上，承以木柜，由着黄布衫者八人升之。行赴刑场时，有本地最高长官全副仪仗随王命之后，所谓"就地正法"，此其重者耳。

妙峰山香会

北京西山八大处与金顶妙峰山，均于夏历四月初一开山（即开庙

北京妙峰山，汉达·莫里迅拍摄，1930 年左右。

门），十五关山。西山八大处风景虽佳，然于京、津、保等处人士脑海中，印象之深则不敌妙峰山引人入胜之势力。盖人之赴妙峰山进香者，皆具有妻、财、子、禄发达之希望也。妙峰山之繁盛，一半在香客，而多一半则为各文武香会之茶棚。

每岁一届。三月十五，城内及四郊之香客把儿头（即首领）必先筹资，添制行头、软片或顶赎乐器（即乐器之入典肆者须赎出），约人过排，又一面印捐册，印大小黄报子，派小都管（副首领）带领夫役击神耳（即乐器），横笨儿挑会笼，沿门写香资贴报子。至二十七八，捐册收齐。如款不足，则把儿头掏腰包购香、烛、茶、米、油、面，备为上山之用。

二十八或二十九日，集众于下处守晚。翌晨进香，沿途歌舞至山。安坛接待香客必至十五，始行下山。心愿既了，而往往妻孥啼饥，债台高筑。至此，行头、软片等物又不免入典肆中，此即俗所称为"耗财买脸"者也。

白河九缸十八窖藏镪之谣

自北京东抵白河之滨，父老相传有九缸十八窖藏镪之谣。

据父老云，当隋炀帝征高丽败归时，领兵大将于狼狈败归无法携带金银，遂将所得者悉埋藏之，其后各处盗起，渐至死亡，遂致抛弃等语。考京东自近郊迄白河，沿路村名率多以营为名，如冯家营、谢家营、高丽营等，想以当时沿河置营，戍守然也。

至于藏镪之说，闻光绪二十四年，有临河村张姓者，偶于秋末耕地，突将其犁头碰折。伊遂以铁锨掘之一二尺深，即见有石板及石块等覆压者。急启视之，见一大瓮，白镪充满其中。不禁狂喜，旋又自念："为人工作得阿堵物，将置何处？"乃取两锭怀归。黄夜至邻村某尚书之族人王宅。宅之管事者张某，其宗人也，故求其鉴别真伪。张某一见辄诧骇，诘之曰："尔何以得此？"耕者乃以实告。遂于午夜以大车运至王宅。张某当时予以东钱（制钱十六文为一百）票三百千，嘱其勿泄，并言缓缓售出，再行付尔。

迟之半年，并无消息。耕者初来探询，尚款以酒食，偶亦畀以数金，其后渐加斥逐。结果，卒以讹诈将耕者送县及入狱。牢头闻其掘得藏镪，又凌虐以索之。延至冬季，一病而亡。然则十八窖藏镪之谣，于此可见一斑。

舍 利

民国十一年春，顺义县杨各庄彭君到北京，携来圆扁不一，大如绿豆及高粱粒之小珠一包，计三十六粒。托友人代为鉴定，是否为钻石一类。

友人详询其物之来源，据云：伊之戚某与前县长唐君合资在蓟县东境购得古庙基地一段，购得后从事建筑。庙基内有残余半截浮图一座，乃令工人拆除平垫。不意残塔拆平，其下石基甚深，乃又将地下所砌砖石刨出。当中发见遗物多种，内有瓷盘碗及鎏金造像等件。塔基正中有石函，高可及尺，作方式小亭形。其上四面皆镌有文字，大寸许。其文非篆非隶，浑如蒙古文。启其盖，则中嵌一银瓶，高三寸余。倾之，出有珠百数十粒。监工者为彭君之友，乃择瓶中珠粒小者三十六粒，交彭君携至京，罕有识其为何物者。

及至班禅来京时，有莲社王居士独识之，曰："此舍利也。"试向日中观之，须臾间能变幻红、黄、蓝等色，且于夜内，可闪灼发见光辉。若置诸玻璃瓶内，供于菩萨小龛中，远望之似燃香也。或谓此塔既有造像，应为北魏时之遗物。

五

其他

《中英天津条约》签订，木刻版画，1858 年。

153

中国之穷因

中国之穷肇因于鸦片战争。道光二十二年《中英江宁条约》第四款载明，以洋银六百万元偿鸦片原价，第六款载以一千二百万元偿兵费，国际赔款由此始。

咸丰八年英法之役，光绪甲申中法之役，以至辛丑十二国和约赔款，遂皆援例，达四万五千万之巨。清代公私文书每讳赔款为抚恤。甲申中法之役，关于赔款公文中有云："玉帛干戈，丑类安知礼教，雷霆雨露，王者不外恩威。"文传至沪，《申报》首先揭载，继之英文报亦译登。外国领事见之，致书诘问，谓为侮慢，似有兴文字狱之意。

贫穷与腐败

清代某旅客由陕之干州入陇，过泾州、平凉、隆德、静宁、会宁，沿途六盘山最险要。贼匪以数十人扼之，虽千军亦难过。

再则会宁沟有大山，自山麓至山顶四十里，人畜行之非常疲乏，山上居民蛰居土穴。旅客以避雨故入其窑内，见四壁黝黑，其妇人咸跪爬，以足纤不便行走也。一家男、妇、子、女横陈土炕上吸鸦片。此等居民因乏水，故候雨雪时存其水于窑内坑中，视为琼浆玉液，故男妇终年亦不解沐浴。

会宁县穷僻如此，而县官遇新任藩臬等上司过境，亦必供给燕翅。官席锦茵绣幄，银杯象箸应有尽有。上司到省后，必为酌调优缺以酬答之。按清制，除学试及奉特旨钦差外，照章不准驰驿。地方官之办差，乃私情耳。从前若某某将军按站需索夫役车马，均以骚扰台站被人参奏革职。

草原之旅

又有皮毛税局局长某任满回省，送其眷属返京。适值贼攻宁夏，乃改绕包镇，由草地乘驼夜行，日出则休。

既无店房，亦无人家，只于漫野以驼架草袋、行李等围绕一圈，上覆油布，下铺皮褥，暂将妇孺安置其中一睡。然后再寻有冰之处，凿取冰块。就坎掘灶，燃用牛粪。以所带铁锅烧水，及烤肉蘸盐食之。

惟羊极贱，可以三元买极大肥羊一只。宰后剥皮，弃其脏腑，置驼架上逐日割食。数口人仅买两只足敷食用，至京尚以后腿分饷他人。鸡亦肥大而贱，一元可买四只，两腿之粗几若茶杯。但鸡与羊虽可解馋，而冲风冒雪坐驼北上摇动一夜，其劳苦迥非口里之人所能堪也。

黄河之牛皮筏

又由甘肃兰州往宁夏之客商，运货多行水路，乘黄河中之牛皮筏，可以顺流而下。其筏以牛皮浑脱缝好，中楦以草。用一百廿只扎成一大筏，上盖以篷，可避风雨。所以用浑脱而不用木者，以黄河上游多峡石，偶一不慎，木筏一撞即散，不如牛皮之坚韧不畏撞也。

惟行至煮人锅等峡，皮筏亦或免出险。河道当中有一巨石峭立，上镌"铳我来"三大字。篙工至此即须对石直冲，俟将撞上，用篙一点，筏便顺流而过。若欲避之，则非碰碎不可。所谓"煮人锅"者，以其狂澜翻滚形如沸水耳。

旅行之难

清光绪三十年前，客商由甘肃往新疆乘坐骆驼驾辕之太平车，类如马车，较为宽大可卧。由旁门上下，有毡帏、狼皮、裹帏，尚称舒适，比骡驮轿之摇撼为优。乘之以过瀚海（即沙漠），稳若舟舶。

又同时，旅客由北京赴太原，经保定至获鹿入山沟中，所谓"太行之陉"。车前须使人吆喝，恐对方来车无处可避让也。恒有对方来车，候至半日始能退出者。若非官场之车，则双方皆不退让，苦矣。

沿途只有山下窑洞卖煮鸡子，蘸盐之可食。惟吸鸦片则甚便，车

北京郊外山中旅行，木刻版画，1873 年。

夫无人不吸。以制钱五文向其小窗一敲，则有人将烟杆送出，立而吸之，仍不误事。迨宿店，则闻墙外山头狼嗥震耳。及涧中，急溜冲滚巨石，大声如雷。店家夜间放狗，必预告戒客人勿出。其狗大如牛犊，可以制狼。行至所谓"四天门"者，盖山脊也。大车之上峻阪，用十余骡尚须且行且息。下阪则将车轮缚一滑杠，再以十余骡套其项，往后坐拽，徐徐蹭下。倘一失手，不堪设想。旅客除妇孺外，未有不下车步上阪者。计自京抵晋一千三百里，即无雨雪障碍，亦须行半月余，一人之费需数十金。

又同时，由北京赴济南（津浦路尚未修），由车店雇三套车，行十三日始到，旅费所耗不止百元，其程仅九百六十里而已。

又同时，由太原赴陕西，路经灵石县。其城门之狭小，可为全国之冠，数套大车直不能入。至蒲州渡黄河，冒险殊甚，及得安渡，则群呼庆幸。由陕西省城（西安）赴甘肃，尚有十八马站。每站按公事繁简，预备号马递寄折奏公文。其紧要之件则封面加用鸡翎，以期飞速，并限以行几百里。按站驿丞须随时标明到站时刻，有误则罪折差。其马亦颇灵异，遇有急报则似先知，嘶鸣跑跳，须臾铃声震耳，差必到站矣。

北京承德之旅

又光绪二十八年仲夏，某旅客因热河承德府英君哲嗣邀聘，乃由北京乘二套骡车前往。中途自密云向北，百里外皆沙滩鹅卵石。至甩车沟，旅店虽大竟求一肴而不可得，所食尽胡麻油，但价甚廉，连同车夫，共用鹅眼钱一千余，即老钱五百多也。

入山循白河涧上行四十里，到青石梁宿店。此道若非马玉昆提督开修一次，行者无路可寻。侵晨出关，盘查甚严。抵滦平县，其县并无城池。渡滦河，极危险。盖夏季山水暴发，狂澜冲动大石，马且不能立足，时有将车砸坏者。过此，则经广仁岭之峻阪，再四十里抵热矣。

自顺天府（北京）至承德府（热河省会）仅四百余里，乃行至六日之久，并将车瓦摔失两块，可谓非常困难。

清代邮驿传命

清乾隆西北军务时代，凡军报之紧急者，千里马不易求，例用小蹄白驼。不饮喂而饲以青盐一斤，将其嘴戴以箍，一昼夜亦可驰千里，惟每一到站则往往倒毙。

兰州浮桥

甘肃省城（兰州）城外，黄河有浮桥以渡人及车马，所谓"九轨徐行怒涛上"者是也。

升文忠公任总督时（清光绪年），与藩司（布政使）议以西法改建铁桥，为一劳永逸之计。当建桥时立有标尺，此处水涨一寸，下游水深一尺。如伏汛紧要时，昼夜有人专司测量，随时电报河防局以备险工。盖在元代已立有专司，彼时无电报而有羊报之法，乃以羊皮浑脱上缚涨水尺寸，顺流放之，转瞬百里，亦殊佳妙。

此桥因系上游，地势高而河身窄，比之京汉、津浦两桥工程减有十倍。桥旁有庙，其中塑一武弁。相传某年河水大涨，势甚汹汹。总督将头上顶戴掷于中流，而水仍不退。某弁曰："此蛟也。"请下而斩之。须臾，果有巨物浮出，血花四溅，水立退。弁亦浮沉而没。总督乃为请于朝立祠，以祀亦有功于民，则祀之义也。

布达拉宫之由来

唐太宗贞观年间，吐蕃（即今西藏）赞普（王号）弄赞登王位，遣使一再奉金求婚，并屯兵二十万于松州（今四川松潘县），藉以要挟。

太宗不得已许以宗女文成公主下嫁。贞观十五年，命江夏郡王道

布达拉宫旧影，佚名拍摄，1930 年左右。

宗持节送之。弄赞亲迎于河源，见唐室人物衣冠之盛，典礼之隆，未免自惭陋，乃召其近臣曰："我祖父未有通婚大国者，今我得尚公主，当筑一城以耀后世。"遂筑城邑，以为公主之居处。

当日所筑之城应在拉萨（吐蕃都城）地方。吐蕃嗣又遣人来朝，请饬工匠修建宫室。相传拉萨之布达拉宫即彼时仿效唐室而成者。

爪哇岛上的汉室遗后

爪哇岛南有刘村者，乃汉惠帝之子后少帝之苗裔。当大臣诛诸吕时，惠帝后张氏闻乱，恐惠帝之后悉遭杀戮，乃令宫人密取后少帝之子，育之宫中。旋闻南越王使者来，遂重贿使者，携以南去。

南越王时正强盛，威服南夷，讯知为惠帝孙，遂裂土封以王国。其后失国，为编户，仍居此岛，蔚为大宗。

清末，有浙省某茂才贸易南洋，曾亲至刘村。村主以茂才文学优赡，曾倩其代修宗谱及祠堂、碑志，故知之甚悉，并云："刘姓有世传三宝，曾出以相示：一汉玉玺；一古铜镜，高三尺，上镌张后像，端丽无比；一玉如意。"此三宝皆惠帝赐张后者，故至今奉为传世之宝。

中国的钱币铸造

我国为银本位之国家，一向用银为交易。当未铸造银圆以前，概用元宝与碎银。自各国入华通商以后，始有墨西哥国铸造之银圆输入我国，流通各处，人皆名之曰"洋钱"。

中国自铸银圆，闻始于清代乾隆五十七年。彼时因征服西藏，即在藏设一宝藏局于拉萨，所造分量判为三种：有三钱二分者，有一钱六分者，最小者为八分。只限于西藏本地流通，其他地方不得行使。

后至道光十八年，福建省又发行一种七钱四分重之银圆，世称为"寿星银饼"。虽仿外国银圆之式，而花纹则甚粗劣，流通不久即告消灭。

光绪三十四年，四川成都造币厂仿效印度之罗比式铸造银币，以三钱二分者为主币，一钱六分者为辅币。此种银币只通用于四川与西康之间耳。

宣统二年，清廷整顿币制，特颁币制条例。采用七钱二分为一圆，成色九成，铸制新模。

宣统三年五月间，命令江苏南京、湖北汉阳两造币厂开始铸造正式之"大清银币"，定于十二月间发行。嗣因武昌起义，清廷为发兵饷需款，提前发行。至前所铸造非七钱二分之银圆，即陆续收回，另行改铸。

161

袁大总统世凯就任后，又以袁公肖像制造新模铸为国币，盛行市上。以民国三年铸造数量为最多。

民国十七年，国民政府迁都南京。为纪念孙中山总理，计由上海造币厂铸造孙总理肖像之银币，发行全国。

谣谚拾趣

社会风物恒有谣谚传其实况，以寥寥二三语包括大略，颇有裨于旅行及采风问俗者。

如北京有"西贵东富"、"南贱北穷"之谣，此为地方写真。至于社会俗谓，京市人巧于应付，以"京油子"状人情之狡猾。又有谣云："十个京油子，抵不上一个卫（天津）嘴子。十个卫嘴子，抵不上一个保定府的狗腿子。"盖言人心诡谲，京不逮津，津不逮保也。

至各地，亦可藉谣谚知厥实况。如杭州云"东菜西水，南柴北米"，盖杭垣东门多菜圃，西则湖水倾注，南临钱塘江，柴船衔北关，米市繁盛。此谣宋代已有之。

无锡亦有谣云："南门豆腐北门虾，西门柴担密如麻，只有东门无啥卖，葫芦茄子搭生瓜。"其地南门豆腐细嫩有名，北门近运河太湖，鱼虾特多，西门外山峦起伏，樵采络绎，东门但有菜圃耳。

又苏北泰县谣云："北门人，南门神，东门鬼，西门水。"盖北多居户，南多庙宇，东门外荒冢累累，西门外河道纵横。

清代招募兵丁

清代招募兵丁，每于山东曹州府、河南归州府、江苏徐州府、安徽颖州府等处树帜募之。盖各该区域人民体质魁梧，膂力雄伟，性情强悍，心地朴实，善教导之。则遇战事，饶有奋不顾身之概。遇危时，罕有前徒倒戈之虞。古昔之豪杰与奸雄往往生于其间也。

解说老北京

清代士兵，木刻版画，1857 年。

钟馗避邪说

　　文震亨所著《长物志》载有"悬画月令，十二月宜钟馗迎福，驱魅嫁魅。"赵瓯北所著《陔余丛考》载有"宗悫妹名钟葵，后世因有钟馗嫁妹图。"沈括《笔谈》载有"皇佑中，金陵发一冢，有石志，乃宗悫母郑夫人。悫有妹名钟葵，后世因有钟馗嫁妹图。"杨周修所著《丹铅杂剧》载有"唐人戏作钟馗传，因钟馗（亦作钟葵）字避邪，

163

遂绘像于门，以为避邪之具。"郎仁宝《七修类稿》载有："尧喧本名钟葵，字避邪。"由以诸记述观之，恐钟馗嫁妹、钟馗啖鬼皆无其事，盖嫁妹之说误于嫁魅啖鬼之说，误于避邪耳。

八字娘娘生日

夏历八月初八俗传为八字娘娘生日。吴门之北寺有真塑像，每值此日进香者络绎，惟群雌粥粥，老妪如云，无男者参与其间。小说载有八字娘娘为人生前造命者，妇女爇香献履，再生可转男身云云。事属荒诞，而人多迷信之。

迷童子

闻粤省风俗有所谓"迷童子"者，于中秋前后月明如画之夕，择一童子，令合眼地坐，烧符诵咒，童子即若神附其身，突起练拳或使兵器，似有家法。其咒语极简，人人能为，不知此俗今尚存否。

丧事礼仪

丧事成主，点主者为鸿题官，左右二人襄佐者为襄题官。清代被邀请为鸿题官者，必着盛服（朝珠、补服、蟒袍），乘四人轿（三品以下用蓝轿，二品以上用绿轿），前导仪仗务从隆盛。

孔氏谱系

中国世族谱系最明及恒产最久远者，当推曲阜孔氏首屈一指，其富号称"公田三千顷"。孔裔历代子孙多附葬孔林，周边易于守墓。

其族制，子孙无论迁居何省，须遵阙里之谱系。江苏青浦地方，又名"圣浦"，其地有孔泾桥，至圣衣冠冢在焉。盖有圣裔一支，自隋末南迁，聚族居其地，设有庭闻学校，耕读相沿千数百年，不稍变易。如此则司马迁为孔子著世家，目光远矣。

孟氏八百万

山东圣裔以商富者，昔日首推孟氏（亚圣孟子之裔），尤以迁居章邱者为尤富。咸谓北京正阳门外开设之瑞蚨祥、瑞林祥等八大瑞商肆（卖绸缎者），亦孟子支裔。每家资本约计百万，故有"邹县孟氏八百万"之称。

端木，子贡后裔，多务实业者。南迁于浙越，有二支：一在处州丽水，一在青田。清乾隆朝，有大鹤山人（端木国瑚）以诗词著于博学宏词科。民国初年，端木梅邻文名亦盛。

和阗贡玉

闻自新疆来者谈称，和阗介于陇哈什河及哈拉哈什河两河之间，河内产玉，晶莹光澈，每大水冲激过去自然现露，而巨大玉材则产自和阗北境与叶尔羌城之密尔岱山中。

魏源《圣武记》载"和阗产玉闻天下，叶尔羌次之"。叶尔羌密尔岱山距城四百余里，崇削万仞。山分三层，中层为玉，一望莹然。采者必乘牦牛及其处，凿而陨之，重或千斤或万斤，以准噶尔锯截之，以温宿斯坦玉工治之，每岁贡献玉册、玉宝各八十具。白而微黄者供宗庙，白而微红者备庆典。

清嘉庆四年，叶尔羌获大玉三：大而青者重万斤，次而葱白者重八千斤，白者重三千斤。边臣侈为祥瑞以闻于朝，将运贡京师，诏以道远劳费累民止之，至今其大者尚存哈喇沙尔田野中云云。又乾隆四十三年，乌什办事大臣巴贵奏称采获巨大玉璞，重万斤，已起运至阿克苏交界，由该管大臣接运等语。闻现故宫所陈列之寿山、福海二

清代生丝生产，木刻版画，1856 年。

巨玉，即巴贵等所运之玉琢成者。

于阗之金

又于阗产金，无论出自山中或河中，俱系颗粒，与他处作微屑状者迥异。大约产自河内者颗粒较小，取于山石中者颗粒较大。竟有剖取一石，其中含金粒累累，如石榴之子者，毋庸拣炼，即属纯金，斯亦奇矣。

米元章之赏藏

宋米元章，精鉴赏藏，晋唐名人字迹颇多，因名其斋曰"宝晋"。当时可与颉颃者有刘巨济。刘以晋魏年代太远，真迹盖已略尽，所收仅始于唐。元章以其鉴别未精，不过藉此为掩拙之计，尝作诗以讥之，有"唐满书奁晋不收，却缘不自信双眸"之句。

顾　绣

我国江浙所出顾绣为刺绣业之冠。不独国内各地冒顾绣之名以广推销，即欧美诸邦亦深羡此艺，选购踵接。

刺绣所以冠"顾"字者，盖以兹艺始于明代顾氏兄弟名儒与名世二人。名儒官至道州守，名世官尚宝司丞，其家世居上海。刺绣之法相传得自内院，劈丝、配色别有秘诀，故能点染成文，山水、人物、花鸟、虫鱼，无不精妙。名世之姬人绣技尤工，着手如生。当时人皆以得其手制为珍，顾绣之名遂以大噪。

清代宣统初年，南京举行南洋劝业会，与赛品中有苏州顾氏后裔所绣意大利皇太后，标值三千镑，为数国争购者。世业名贵，迥非赝品所能及也。

上巳考证

三月三日称为"上巳"，相沿已久，或谓上巳修禊始自兰亭。惟考右军原序，但云："岁在癸丑，暮春之初"，未云何日，且日支顺序推延，年月不同，亦无从确指定为何日。

盖巳为十二支之一，旬只十日，故巳日未必都在上旬。名流以纪念是日修禊，乃永以三月三日为上巳。《癸辛杂志》则云："'上巳'之'巳'应为十干中之'己'字，乃古刻所误。"此言却有道理，盖经传载有"上丁"、"上辛"、"上戊"等，皆以干计日，可为证也。

鼻　烟

鼻烟本名"布露辉卢"。清雍正三年，意大利亚王贡方物，始名"鼻烟"。西洋鼻烟来中土，以广东为集中地。初来时，尽收于各洋行，如第一次收于南海梁氏之天宝洋行者，曰"天宝素罐烟"；二次鼻烟入粤，则收于南海伍氏之怡和洋行，曰"怡和素罐烟"。

然不论何种，若每箱装十三罐，中央之罐为八角形，四围则长方形者。八罐箱之四角则为四个三角形罐，因名之曰"十三太保"。此"十三太保"又分素罐、金花、水磨金花三种，均以瓶得名。其余若小金花、大金花、红枝头、黑枝头、牙花罐、美人肩，亦为瓶之形式也。

图书在版编目（CIP）数据

解说老北京 / 仝冰雪编 . —北京：中国人民大学出版社，2012.8
ISBN 978-7-300-16267-6

Ⅰ . ①解… Ⅱ . ①仝… Ⅲ . ①北京市 – 地方史 – 史料 – 图集 Ⅳ . ① K291–64

中国版本图书馆 CIP 数据核字（2012）第 192159 号

解说老北京

仝冰雪　编

Jieshuo Laobeijing

出版发行	中国人民大学出版社	
社　　址	北京中关村大街 31 号	
电　　话	010-62511242（总编室）	**邮政编码**　100080
	010-82501766（邮购部）	010-62511398（质管部）
	010-62515195（发行公司）	010-62514148（门市部）
网　　址	http://www.crup.com.cn	010-62515275（盗版举报）
	http://www.ttrnet.com（人大教研网）	
经　　销	新华书店	
印　　刷	北京宏伟双华印刷有限公司	
规　　格	165 mm×240 mm　16 开本	**版　　次**　2012 年 11 月第 1 版
印　　张	11.75 插页 1	**印　　次**　2012 年 11 月第 1 次印刷
字　　数	137 000	**定　　价**　29.00 元